古代歷史文化 研究輯刊

二九編

王明蓀 主編

第 20 冊

從點、線、面看中國山水畫基本構成

羅勝 著

國家圖書館出版品預行編目資料

從點、線、面看中國山水畫基本構成／羅勝 著 -- 初版 -- 新
北市：花木蘭文化事業有限公司，2023〔民 112〕
序 4+ 目 4+186 面；19×26 公分
（古代歷史文化研究輯刊 二九編；第 20 冊）
ISBN 978-626-344-164-4（精裝）
1.CST：山水畫 2.CST：畫論 3.CST：中國
618   111021691

古代歷史文化研究輯刊
二九編　第二十冊　　　　　　　ISBN：978-626-344-164-4

從點、線、面看中國山水畫基本構成

作　　者　羅勝
主　　編　王明蓀
總 編 輯　杜潔祥
副總編輯　楊嘉樂
編輯主任　許郁翎
編　　輯　張雅淋、潘玟靜　美術編輯　陳逸婷
出　　版　花木蘭文化事業有限公司
發 行 人　高小娟
聯絡地址　235 新北市中和區中安街七二號十三樓
　　　　　電話：02-2923-1455 ／傳真：02-2923-1452
網　　址　http://www.huamulan.tw 信箱 service@huamulans.com
印　　刷　普羅文化出版廣告事業
初　　版　2023 年 3 月
定　　價　二九編 23 冊（精裝）新台幣 70,000 元　　　版權所有・請勿翻印

從點、線、面看中國山水畫基本構成

羅勝 著

作者簡介

羅勝，1971 年出生於山城重慶武隆的一個大山深處裡的田園小村，自幼愛好繪畫。2014 畢業於西安美術學院中國畫系中國畫專業，山水畫理論與實踐方向，獲藝術碩士學位。2018 年考入南京大學，現為南京大學哲學系文化哲學專業，佛家文化藝術研究方向博士研究生，師從賴永海先生。曾從事過原畫設計師、平面設計師、企劃部經理、大區銷售經理、辦事處經理等社會職務，同時還在大學和中專學校從事過廣告設計和動畫設計教學，以及大學輔導員等職務。

提　　要

　　《從點、線、面看中國山水畫基本構成》主要以康定斯基「點、線、面」理論為切入點，並結合中國山水畫固有的構成元素進行分析和總結；分析的內容涉及中國古典山水的構成形式，同時也涉及到現代水墨畫的表現形式。該書以現代平面構成設計思維為橋樑，把中國山水畫的現代水墨與古代山水畫的構成形式有機結合起來，概括總結出中國山水畫基本構成的規律，內容豐富通俗易懂。除此之外該書還有很多獨特的藝術視角，值得中國山水畫研究者重視。首先，該書認為中國山水畫的「點、線、面」構成植根於中國人的古思維模式，比如作者認為在中國仰韶彩陶裏即蘊含著有西方平面構成與中國山水畫「點、線、面」基本構成觀念；其次，該書還認為中國山水畫「點、線、面」基本構成觀念還與上古的《周易》八卦思維緊密聯繫。再次，作者認為進入 20 世紀，中國山水畫的思維模式不斷受到西方藝術思維的衝擊、挑戰和啟發；這時，西方平面構成觀念也對中國山水畫實踐有所啟發，並成就了中國現代水墨畫的發展轉機。再次，該書認為中國傳統山水畫「重道輕器」，在西學東漸影響下，逐漸開始轉向「重器輕道」等現象；同時，現代水墨畫還夾雜著「資本性」和「製作性」等不良特徵，作者對這些因素表示隱憂。最後，該書認為隨著人類文化交流的加深，在不久的將來，中國水墨畫因其人文性特徵鮮明，其前途也是光明的。

序　言

　　進入 20 世紀，在西學東漸的背景下，中國山水畫在藝術思維模式上，不斷受到各種西方藝術思維的衝擊和挑戰；同時這種衝擊和挑戰並未將中國山水畫置於死地，相反，恰恰因為中國山水畫藝術富有強烈的人文情懷，從而給中國山水畫藝術帶來了轉機。比如這種轉機又恰恰是從很多西方現代性藝術思維對中國山水畫構成的認識和啟發展開的。《從點、線、面看中國山水畫基本構成》就是想通過其中的一種現代平面藝術思維，來理解中國山水畫的基本構成。本書是以西方抽象繪畫之父康定斯基的「點、線、面」觀念認識為基礎，切入中國山水畫的基本構成的形式展開討論的；同時該書理解的「點、線、面」，即是適合於討論中國山水畫藝術作品構成的內容和形式，並把它當成一個「視覺物質平面」展開討論。這種從現代平面視覺審美概念，切入中國畫的基本構成形式的探索，加深了對中國山水畫基本構成關係的理解。「點、線、面」是平面空間構成的基本元素，在幾何學上，「點」和「線」都是一種看不見的實體。從物質內容來考慮，「點」相當於零；「線」則是點在移動中留下的軌跡；「線」的移動則構成面，並由此形成一個獨立的平面視覺實體。康定斯基認為：「依賴於對藝術單個的精神考察，這種元素分析是通向作品內在律動的橋樑。」康定斯基闡述的這一學理，正是本書所藉以探究中國山水畫基本構成的思想內涵。

　　中國山水畫亦是由視覺、知覺反應聯繫起來的一種視覺語言，以及帶有抽象的動靜變化的藝術表現形式。這樣就為以構成設計中的基本元素「點、線、面」觀念來理解中國山水畫的基本構成提供了方便。同時也由此展開了本書理解中國山水畫的基本構成的形式和內容。本書第一章，「從康定斯基點、

線、面入手結合平面構成研究中國山水畫的價值」。主要引入康定斯基「點、線、面」構成觀念，並對中國山水畫基本構成的「原理」「理念」「價值」進行切入性探討。第二章，「從平面構成的基本元素看山水畫點、線、面」，主要是用平面構成中的「點、線、面」觀念來達成中國山水畫中的「點、線、面」的理解。第三章，「從平面構成基本形看山水畫基本形的組織觀念」，主要借用平面構成中的基本元素，來觀察和分析傳統山水畫造型的基本元素構成的理念和人文邏輯，先從山水畫的基本形入手，進而理解這些元素的形式邏輯和形式美。第四章「從平面構成中的複合構成形式看山水畫中複合構成觀念」，這一章主要是借助「點、線、面」的組合原理及其構成關係，來理解中國山水畫基於其獨特的基本元素組合的複合構成形式。這種獨特複合構成方式，是立足於中華文化特有的民族思維模式展開的。他既有近似平面構成中的「點、線、面」基本元素的複合形式特徵，同時又與現代觀念中的藝術設計理念有別，其著重在於展現中國山水畫複合構成思維的藝術特色。比如卦畫構成思維和河圖洛書思維等構成方式，不但是傳統山水畫複雜形式的構成基礎，同時也可以用來分析現代繪畫構成關係。換言之，它也包容了現代山水畫構成複合形原理的應用，這也是當代藝術理論較少關注到的現象。並結合了古代繪畫的構成思想，來理解像現代畫家賈又福、周少華等繪畫實踐的表現形式。第五章：是「從平面構成形式美法則中看山水畫中的基本觀念」。形式美法則是人類社會長期從事生產、生活的實踐總結。在實踐中每個學科都有自己獨立的形式，其形成與經濟環境、思想文化、歷史環境等條件相關。這一章主要選取了幾個平面構成的形式美原則來理解和認識山水畫的一些相應的審美觀念，主要涉及「對比與調和」「均衡與對稱」「節奏與韻律」等三對基本審美原則，並結合這些審美原則對中國山水畫實踐作品進行列舉分析和探討。第六章：「平面構成觀念下的當代山水畫發展現狀與思考」，這一章主要是基於對前五章的理解和對當下山水畫的發展，形成了作者對當代山水畫吸收平面設計構成觀念發展的一些看法與展望，並作一些概括性回答。

在書稿寫完後，作者尚覺得「從點、線、面看中國山水畫基本構成」缺少兩方面的議題作為該書的補充：第一個論題是：「從 20 世紀中國畫論爭中看康定斯基基本繪畫觀」，第二個論題是：「中國傳統山水畫的『形而下』與『形而上』」。是該書的兩個補充話題，書稿完成後就把第一個論題加到書稿的引言裡；同時再把第二個論題編入書稿的第七章，把它與書稿的第六章銜接到

一起形成書稿的總結和補充。我們認為這樣安排有利於加深讀者對《從點、線、面看中國山水畫基本構成》的認識和瞭解，並對作者的著作目的，以及該理論應用的實踐範疇更為清晰。最後我們不得不說明一下，本書研究的一個重要目的，就是作者想用通俗易懂的解讀方式，來詮釋中國山水畫基本形的構成思想；並希冀激發更多山水畫愛好者的興趣，使其通過閱讀本書，實現讀者積極參加這種繪畫實踐的想法，從而實現弘揚中國傳統文化的一些目的。

羅　勝

目次

引　言

　　瓦西里・康定斯基（Vassily Kandinsky（1866～1944）），是現代抽象繪畫藝術的之父。瓦西里・康定斯基 1866 年 12 月 4 日生於俄羅斯的一個較為優渥的商人家庭，父母皆是虔誠的東正教徒，同時康定斯基還具有著蒙古族血統，據說他的曾祖母是一位蒙古公主。他的父親是當時著名的茶葉批發商，常常往來於中俄絲綢之路的邊境小鎮恰克圖（Kyakhta），由於家庭條件殷實，康定斯基在三歲的時候就常常坐在父母的行李箱上旅遊歐洲各地的文化名城。他的故事在斯蒂芬・茨威格的《昨日的世界》（Le monded'hier）裏曾被提及。他的父母離婚後，少年的康定斯基由其姨母伊莉莎維塔・提格赫耶娃（Elizavetha Tikheieva）撫養。提格赫耶娃具有很高的藝術修養，康定斯基的藝術才能多得其姨母的教育和啟蒙。自此康定斯基自幼即對音樂、繪畫和民間美術產生了強烈的興趣。成年後康定斯基並沒有按自己的愛好去上藝術學院，而是受父親教育理念的影響，康定斯基選擇了到莫斯科攻讀法律和政治經濟學。同時康定斯基還曾在莫斯科參加過反對沙皇的革命組織。1889 年夏康定斯基被自然科學皇家人類學會派往莫斯科北部的沃洛格達州進行田野調查，並由此開啟了他的藝術夢想。後來他在莫斯科看到法國印象派畫家莫奈的作品後、深受其影響。在其 30 歲時，他決定辭去莫斯科的工作前往德國慕尼黑尋找藝術創作的夢想。1901 年，35 歲的康定斯基和羅馬尼亞畫家恩斯特・斯特恩（Ernst Stern）、德國藝術家亞歷山大・馮・薩爾茲曼（Alexander von Salzmann）和素描畫家羅爾夫・尼茲克（RolfNiczky）以及斯托克畫室的學生，創立了一個叫「方陣」的藝術協會，這個協會倡導藝術先鋒運動。1909 年（43歲），康定斯基又與一些藝術家創辦了「慕尼黑新藝術家協會」，後來因藝術理

念不同，不歡而散。1911 年，45 歲的康定斯基和新結識朋友馬爾克退出「慕尼黑新藝術家協會」，並創建了「青騎士社」。1911 年 12 月 18 日「青騎士社」在慕尼黑舉辦了第一屆畫展，隨後在德國各地巡迴展出，康定斯基並由此而名聲大噪。次年 46 歲康定斯基出版了他的名著《論藝術的精神》。由於歐戰的爆發，康定斯基又回到了故鄉俄羅斯，這期間他曾在莫斯科大學擔任教授一職，並創建了莫斯科大學藝術學院。但由於他的藝術主張與蘇聯政府倡導寫實主義衝突，康定斯基選擇離開了故鄉俄羅斯。1922 年，時年 56 歲的康定斯與「青騎士社」戰友克利一起選擇在包豪斯任教，這個時期康定斯基的繪畫風格轉向幾何抽象構成。於 1926 年，60 歲的康定斯基出版了他的另一本名著《點、線、面》，該書重點借用「點、線、面」繪畫構成原理，闡述了新的藝術構成理念。《點、線、面》在 20 世紀初影響十分廣泛，不僅僅包括繪畫領域，同時還包括現代建築、現代雕塑、現代設計、現代音樂等都無不受其影響。《點、線、面》還受到了野獸主義、印象主義、立體主義等西方藝術流派的影響。

隨著西學東漸，這種思想也隨著留學歐日的畫家帶回到中國，並與中國藝術結合產生一種新的藝術觀念。我們今天研究的書稿「從點、線、面看中國山水畫基本構成」，就是要想「從康定斯基『點、線、面』入手結合平面構成研究中國山水畫的價值」，同時我們也不維獨康定斯基《點、線、面》一書的所有理論、唯論是從。我們主要是想借用康定斯基《點、線、面》的構成觀念為線索，並以此來發現和挖掘中國山水畫「點、線、面」基本構成中的「形而下」和「形而上」的精神價值，以及結合現代平面構成中「點、線、面」的基礎元素和構成觀念來分析山水畫的基本構成形式。並以其基礎，來揭示中國山水畫的本來面目，破析其基本構成。同時排除現在學者以形式論形式的觀點，重新來梳理中國山水畫的基本構成。比如說對「面」的梳理和解釋，有學者認為中國繪畫重視「面」的關係是從南宋梁楷的大寫意人物畫開始的，我們認為這種看法是錯誤的並給予了否定，並進行了重新論證。我們認為中國人很早就重視「面」的概念，比如老子的「萬物負陰而抱陽」的「面」觀念、「留白」觀念等，同時中國山水畫中「以小觀大」的「片」「面」認識也不同於現代大學者以形式論形式的看法。

從 20 世紀中國畫論爭中看康定斯基基本繪畫觀

俄羅斯畫家康定斯基被當代人稱為「現代抽象藝術在理論和實踐上的奠基

人」。他的藝術理論不但影響了整個 19 世紀末至 20 世紀的整個西方畫壇，同時他的反寫實繪畫觀念，還反映在 20 世紀中國畫改良和革新的幾次大型論爭上。

　　20 世紀以來，西方現代派美術受到了來自政治、經濟、文化、哲學、科學等多方面因素的影響，西方繪畫也從一個極端形式走向了另一個極端形式；中國自甲午海戰失敗以後，西方資本主義工業革命帶來的強大物質文化力量，這種力量不斷衝擊著中國人固有的生活與思想。這些衝擊迫使中國知識分子精英階層逐漸覺醒，並展開了向西方工業文明學習的進程，但在學習形式與內容的選擇上則存在著不同的思考，以致引發了諸多的爭論，作為中國文化一部分的中國繪畫藝術也不例外。

　　20 世紀正是世界美術從古典形態向現代形態轉換時期，轉換時期激烈競爭的源動力的是繪畫思想改革。這個時期西方繪畫觀念也對中國美術界產生了巨大的衝擊，其衝擊的思想主要體現在：傳統中國繪畫如何接受西方古典寫實主義與現代抽象主義的形式與內容。衝擊的第一波潮頭是寫實主義，抽象主義是其續浪。最能體現這一思想改革的標誌首先要算以徐悲鴻堅持的西方古典寫實主義繪畫觀，其次是以徐志摩、林風眠、吳冠中堅持現代抽象主義繪畫觀。抽象主義繪畫的指導思想主要是以康定斯基《論藝術中的精神》的思想法則為立足點而展開的，他的《論藝術中的精神》一書並被稱為現代抽象藝術的啟示錄。在此期間「寫實主義」、「抽象主義」這兩種繪畫觀念時而被理論家、畫家放大和拉大距離、使其對立而不可調和，兩大陣營的理論家和畫家也如仇人相見分外眼紅；因此，在近百年中國繪畫思想論爭中再回頭思考康定斯基的基本繪畫觀念，會發現西方現代繪畫觀念在近代中國繪畫發展中的干擾和促進所產生出來的一些本質問題。討論這些問題有助於認清形勢，積極參與實踐和促進民族繪畫的發展，並且具有特殊的時代含義。上世紀的兩種觀念的爭論大體可歸納為三個階段：一個是「他山之石，可以攻玉」的思想肇始階段；另一個是「保玉粹與保瓦全」的民粹論階段；還有一個階段是「熊掌得到艱難、抓魚可否解危」的遐想階段。

一、他山之石，可以攻玉

　　「他山之石，可以攻玉」出自《詩經·小雅·鶴鳴》，原意義是別的山上的石頭，能夠用來琢磨玉器。原比喻別國的賢才可為本國效力，後引喻能幫助自己改正缺點的人或意見。中國畫發展到 19 世紀末由於受文人畫思想的限制，走進了一個脫離生活閉門造車的死胡同。清末由於國門被打開，中國傳統

文化受到西方文化的強勢衝擊，人們迫切希望從西方找到一種合適的方法來解決自身的發展問題。所以借助「他山之石，可以攻玉」的典故來引喻這個時期的爭論是最好不過了。20 世紀的中國藝術家們肩負著更為沉重的民族文化負荷，知識分子在忙於國家的救亡圖存之餘，開始對傳統文化追根溯源的思考，期待從文化的角度出發思考、尋找一種方法來解決現實存在困境。任何一個民族在這種情況下發出的聲音和思考無凝都是最為真誠和來自內心的。世紀初中國繪畫的改革思想，就是對傳統文化真誠的反思之一。

（一）上世紀 20 年代關於中國畫的革命

1917 年，康有為在美公使館寫成《萬木草堂藏畫目》）一書。書中認為，中國繪畫衰敗的源頭在於文人畫，這可以追溯到蘇軾的所謂「論畫以形似，見與兒童鄰」〔註 1〕的形而下的繪畫主張。同時，康有為也一併闡述了自己對宋、唐以來被世人忽視的院體畫寫實繪畫的認可，並把西方繪畫與中國的界畫相提並論，認為西方繪畫就是中國宋代的寫實院畫，並提出復興宋畫的寫實思想。接下來為這一革命口號吶喊助威的是共產黨領袖陳獨秀。陳獨秀在 1918 年 1 月的《新青年》雜誌裏發表了《美術革命》的文章，提出了「畫家也必用寫實主義，才能發揮自己的天才，畫自己的畫，不落古人的窠臼」〔註 2〕的主張。繼康、陳之後，1918 年 5 月，徐悲鴻發表了《中國畫改良之方法》一文，提出了比較具體的改革中國畫的建議：「古法之佳者守之；垂絕者繼之；不佳者改之；未足者增之；西方繪畫可採入者融之。」〔註 3〕在 20 年代以前主張美術革命的還有魯迅等人。魯迅在《摩羅詩力說》中主張「置古事不道，別求新聲於異邦。」〔註 4〕1920 年，陳師曾撰寫《對於普通教授圖畫科意見》提出了「宜採西法以補救之」〔註 5〕的觀點。

〔註 1〕 這兩句詩出自《書鄢陵王主簿所畫折枝二首》中的一首。原詩為：「論畫以形似，見與兒童鄰。賦詩必此詩，定非知詩人。詩畫本一律，天工與清新。邊鸞雀寫生，趙昌花傳神。何如此兩幅，疏淡含精勻。誰言一點紅，解寄無邊春。」

〔註 2〕 陳傳席編：《中國繪畫美學史》，北京：人民美術出版社，2012 年版，第 573 頁。

〔註 3〕 此文在當月 23 日～25 日《北京大學日刊》上連載，1920 年 6 月《繪學雜誌》第一期轉載，改名為《中國畫改良論》。

〔註 4〕 《摩羅詩力說》是魯迅 1907 年所作，1908 年 2 月和 3 月以令飛的筆名發表於《河南》雜誌第二期和第三期上，後由作者收入 1926 年出版的雜文集《墳》中。

〔註 5〕 1920 年 5 月，北京成立中國畫研究會，陳師曾為主要成員之一。6 月，北京大學畫法研究會編輯的《繪學雜誌》第一期發刊，他發表了《清代山水畫派別》《清代花卉畫之派別》《對普通教授圖畫科意見》與《繪畫源於實用說》四篇專論。

　　透過以上觀點我們大略可以看到，二十世紀初發出的主軸聲音是吸收寫實觀念到中國繪畫中來發展中國畫，以期待改變當時的窘迫狀態。關於如何吸收寫實，吸收什麼樣的寫實問題展開了爭論，其主要目的是想用西方古典寫實主義繪畫來改變當時文人畫「一味摹仿」脫離生活「閉門造車」的文人畫創作方式，成了爭論的焦點。總的來說上世紀初的爭論主要停留在討論用什麼技法來解決當時中國畫存在的問題，其爭論主要還停留在戰術層面，到了二徐之爭的時候才進入了美學層面的探討。但就在上世紀初中國畫還在探討如何引入西方寫實繪畫的時候，西方繪畫得主流已經開始轉向抽象繪畫的研究，這時期西方抽象繪畫理論的體系已經基本形成，其標誌就是 1910 年由康定斯基完成的抽象繪畫的系統理論體系。上個世紀初中國繪畫主流提倡要吸收寫實主義的東西，恰恰是康定斯基抽象主義藝術觀要拋棄的東西。康定斯基認為：「我們的精神不久前剛從漫長的物質主義時期蘇醒過來，這精神中深藏著絕望的萌芽──這是缺乏信心、非理智性和無目的性的後果。」〔註6〕上世紀初中國繪畫反對的文人畫的抽象觀點及其表現形式恰恰是康定斯基所支持的觀念。康定斯基認為「過多的注意客觀對象的描寫會失去藝術的本質」，這與蘇軾主張文人畫精神「論畫以形似，見與兒童鄰」幾乎如出一轍。在《藝術中的精神》一書中無數次被強調說：「如果面部特點或身體不同的部位從藝術想像中變形，或者是畫得不準確……這個問題妨礙藝術構思……使之被意義居次的細節所糾纏。」〔註7〕

（二）上世紀 20 年代末的「二徐之辯」

　　上世紀二三十年代最為典型的論爭要算「二徐之爭」了，史稱「二徐之辯」。1929 年，國民政府舉辦了第一屆全國美展。期間當時頗有影響的藝術家徐悲鴻、和文學家徐志摩針鋒相對的一場論爭。徐悲鴻寫了一篇名為《惑》的批評文章，文章的大致內容為：對西方古典寫實主義繪畫大加讚賞，對「腮惹納 cezanne（塞尚）」「馬梯是 Matisse（馬蒂斯）」〔註8〕等初具現代抽象主義繪畫加以批評，對後印象主義和新印象主義畫家如馬奈、雷若阿、塞尚混同馬蒂

〔註6〕〔俄〕康定斯基：《藝術中的精神》，李政文編譯，昆明：雲南人民出版社，1999年版，第 8 頁。

〔註7〕〔俄〕康定斯基：《藝術中的精神》，李政文編譯，昆明：雲南人民出版社，1999年版，第 44 頁。

〔註8〕徐悲鴻：《惑》，《美展彙刊》，1929 年第 5 期。

斯作出了庸、俗、浮、劣的評價，並說美術館「收羅三五千元一幅腮惹納、馬梯是之畫十大間（彼等之畫一小時可作兩幅），為民脂民膏計，未見得就好過買來路貨之嗎啡海綠茵……不願再見此類卑鄙昏瞶黑暗墮落也。」〔註9〕徐悲鴻的激烈批評引起《美展彙刊》的副主編──徐志摩的不滿，徐志摩在同期刊物上寫了《我也惑》的文章針對徐悲鴻《惑》的進行了批駁，認為罵那些畫家罵到「卑鄙昏瞶」、「黑暗墮落」已超出了個人觀點及個人允許的批評限度，並說：「技巧有它的地位，知識有它的用處，但憑任何高超的技巧與知識，一個作家不能造作出你我可以承認的藝術作品。」〔註10〕徐悲鴻隨即寫了《惑之不解》的文章進行了回擊，並堅持自己的立場，認為：「形既不存，何云乎技？」，「今日之稱怪傑，作領袖者，能好好寫得一隻狗否？」〔註11〕

　　30 年代國家受到了日本帝國主義的侵略，美術家的主要爭論集中在革新有無必要的問題上。一方面，關於中國畫革新的爭論已經不再是人們關心的要點，新興的無數美術社團和木刻吸引了人們的眼球；另一方面，經過 30 多年的爭論與實踐，閑暇之餘人們開始冷靜下來思考傳統藝術。但也有少部分畫家不停的進行著抽象主義繪畫形式的實踐探索，書法家黃苗子說：「20 年代、30 年代初留歐、留日回來的一些畫家，比他們的前輩眼界更開闊，他們發現寫實繪畫體系之外，隨著上世紀初到本世紀初的科學發展，走向點線面色的追求，與西方寫實繪畫分道揚鑣的新畫派。」〔註12〕他說的非寫實繪畫主要是指當時帶有抽象意味和裝飾意味繪畫的探索，作品主張抽象變形。新畫派的主要代表人物有決瀾社的龐薰琹、倪貽德、丘堤，藝苑繪畫研究所的潘玉良及藝術運動社的林風眠、吳大羽，中華獨立美術協會的梁錫鴻、趙獸等。其中，由倪貽德起草的《決瀾社宣言》最能體現他們的思想，頗有點 80 年代「85 新潮」〔註13〕的味道：「環繞我們的空氣太沈寂了，平凡與庸俗包圍了我們的四周，無數低能者的蠢動，無數淺薄者的叫囂。……二十世紀以來，

〔註 9〕徐悲鴻：《惑》，《美展彙刊》，1929 年第 5 期。

〔註 10〕徐志摩：《我也惑》，《美展彙刊》，1929 年第 5 期。

〔註 11〕徐悲鴻：《「惑」之不解》，《美展彙刊》，1929 年第 9 期。

〔註 12〕黃苗子：《脫卻樊籠奮自飛──吳冠中的突破》，何冰、翟墨：《論吳冠中──吳冠中研究文選》，南寧：廣西美術出版社，1999 年版，第 75 頁。

〔註 13〕「85'新潮」即 85 美術新潮，是指 1980 年代中期中國大陸出現的一種以現代主義為特徵的美術運動。當時的年輕藝術家不滿於當時美術界的左傾路線，不滿於蘇聯社會主義現實主義的美術窠白和傳統文化裏的一些價值觀，試圖從西方現代藝術中尋找新的血液，從而引發的全國範圍內的藝術新潮。

歐洲的藝壇實現新興的氣象：野獸群的叫喊，立體派的變形，Dadaism 的猛烈，超現實主義的憧憬……二十世紀的中國藝壇，也應當現出一種新興的氣象了。讓我們起來吧，用狂飆一般的激情，鐵一般的理智，來創造我們色、線、形交錯的世界吧！」〔註14〕可以說，新畫派這些思想和作品是二十世紀中與康定斯基的藝術精神走得最近的了。

「二徐之爭」中徐志摩的觀點有些也基本接近了康定斯基堅持的繪畫觀念。康定斯基認為，繪畫有兩種：一為物質的，一為精神的。物質的繪畫是通過視覺的精神刺激來感動觀者，這是外在的；精神的繪畫是通過心靈的激蕩所產生的內心共鳴。康氏把前者歸於寫實藝術的特點，後者作為抽象藝術的核心。「新藝術與歷史上藝術形式的這兩種雷同，可以輕而易舉地發現是彼此的對立的。第一種雷同是外在的，是一種毫無前景的東西。（按：毫無前景的東西指的就是寫實主義繪畫）。第二種則是內在的雷同，故而深藏著未來的胚胎。經過物質主義的誘惑——精神彷彿臣服過它，但畢竟絕棄了這惡的誘惑——時期，精神在經過鬥爭和痛苦之後獲得新生。」〔註15〕「……要麼是包含著名詮釋的對自然的摹寫：「印象主義」繪畫，最後，要麼是以自然的形式標示出來的內在感情（既所謂的情緒）。」〔註16〕「印象派的追求做過一番現實的理想之後，將其變幻，進入繪畫。他們在自己教條的形式和純自然主義的目的中，完成了新印象派，同時，也接近抽象領域的理論」〔註17〕「他和德彪西一樣，長期以來不是隨時隨地擺脫習慣「美」的限制；他血管裏留動的是印象主義的血液。」〔註18〕「他善於用一個茶杯畫出富有靈性的內在實質，或者準確些說是發現這個茶杯的內在實質。他的「靜物畫」達到使一些表面「沒有生命」的對象具有內在活力的高度」〔註19〕「二徐之爭」是把如何吸收西方繪畫寫實

〔註14〕倪貽德：《決瀾社宣言》，《藝術旬刊》（第一卷第五期），1932 年第 10 期，附錄 1。

〔註15〕〔俄〕康定斯基：《藝術中的精神》，李政文編譯，昆明：雲南人民出版社，1999年版，第 8 頁。

〔註16〕〔俄〕康定斯基：《藝術中的精神》，李政文編譯，昆明：雲南人民出版社，1999年版，第 9 頁。

〔註17〕〔俄〕康定斯基：《藝術中的精神》，李政文編譯，昆明：雲南人民出版社，1999年版，第 26 頁。

〔註18〕〔俄〕康定斯基：《藝術中的精神》，李政文編譯，昆明：雲南人民出版社，1999年版，第 27 頁。

〔註19〕〔俄〕康定斯基：《藝術中的精神》，李政文編譯，昆明：雲南人民出版社，1999年版，第 27 頁。

和吸收抽象寫意形式和內容爭論白熱化。「二徐之辯」比「二徐之爭」的標題看起來很文氣，但從他們的論爭的文字表述來看，是乎採取了近乎謾罵的形式進行筆伐。如果說上個世紀初前 20 年是關於把中國畫作為主體要改造成什麼形式戰術思考的話，那麼到後來的「二徐之爭」可以理解為我們要吸收什麼樣的審美內容的戰略思考。徐志摩覺得「寫實主義」其內在精神是不自由的，認為技巧有它的地位，知識有它的用處，但憑任何高超的技巧與知識，一個作家不能造作出你我可以承認的藝術作品。他主要是肯定了表象性在藝術中的意義，並以此為依據對徐悲鴻的觀點提出批評的，這一想法跟康定斯基的看法是基本一致的。其中我們可以看出「二徐之爭」有一個很清晰的一個分界線。那就是康定斯基代表的抽象主義和西方繪畫中的古典寫實主義界線。當然這裡也有一定的交集比如說：徐悲鴻先生一直堅持自己的古典寫實主義觀點，其論文中對古典主義給予了全部認同，同時對一些有現實主義偏向的印象派畫家進行了點名批評，並對一些新印象派和野獸派則是直接點名謾罵。這些對印象派畫家態度也與康定斯基的對印象派畫家態度有一定交集的地方。比如說同為新印象派和野獸派是一過渡畫派，康定斯基也剛好對這一畫派只認同部分，比如說他認同塞尚，而對馬蒂斯則有些微詞。30 年代這種對立的爭論形式有所減緩，爭論的問題主要集中在繪畫革新有無必要的問題上。當時木刻更能反映中國人民反對法西施的現實革命的需要，這個時期的寫實繪畫和抽象繪畫都滲透到了木刻藝術中，把其當成文化武器運用到了民族的救亡運動中。知識分子不在藝術的形式和內容層面上爭執，而是堅持在民族生存權的救亡運動上抗爭。只有少部分人在參與民族救亡的閑暇時之餘進行純藝術抽象繪畫精神的探究，但這個時期的抽象繪畫精神的爭論已不占主流。

二、保玉粹與保瓦全

「寧為玉粹，不為瓦全」：意思大概是寧可犧牲自己，也絕對不會出賣自己的人格。換言之，寧願放棄一切也決不會做出讓自己後悔的事情。上世紀中葉，中國畫的爭論分為兩種主流觀點：一種是堅持中國畫的民族化發展道路「寧為玉粹，不求瓦全」。另一種是堅持以西畫來改造中國畫的思想，其本源認為「玉粹了，可保瓦全」。大概思想停留在認為「玉」離生活較遠，「瓦」更能反映和照顧人們的生活。40～50 年代的論爭，主要是以徐悲鴻為首以寫實主義素描為基礎還是堅持民族傳統繪畫教改的論爭。60、70 年代在社會主義體制下，出現了如何改造中國畫和中國山水畫的實踐爭論。爭論的焦點集中在

孟蘭亭堅持的「真正的傳統國畫，一筆一畫皆要有出處」[註20] 堅持傳統的筆墨形式主義的觀念上。

（一）中國繪畫的 40、50 年代

　　1947 年秋，徐悲鴻在國立北平藝專提出國畫專業必須學一年素描的要求。藝專三位兼職教授以罷課的方式表示抗議。北平市美術協會決議支持三位教授，並舉行記者招待會，散發了《徐悲鴻摧殘國畫》的傳單；徐悲鴻在當時也舉行了記者招待會，並散發了題為《新國畫建立之步驟》一文。到了 1957 年，潘天壽出任浙江美術學院副院長，提出應重視具有民族風格特點的教學方式，並分階段給予了實踐，明確反對素描是一切造型藝術的基礎的觀念。除了徐、潘二人在國畫教學改革的方法上有衝突外，其他的學者也分別就中國畫和中國山水畫的改造的方法問題發表了自己的見解。1950 年，李樺在《人民日報》的創刊號上發表了《改造中國畫的基本問題》一文，認為山水畫不能脫離現實生活，脫離現實生活的中國畫沒有發展的必要。藝術評論家秦仲文於 1955 年第 4 期《美術》雜誌刊登了《國畫問題的再商討》一文，對李樺的觀點針鋒相對地提出了自己的看法，認為國畫創作不可能也不應該被限制在「如實反映現實」之內，主張發揮畫家個人的創造性和個人的愛好、思想、幻想等等。1954 年，美術史家王遜著文評論北京中國畫研究會畫展，說「單純以筆墨為評判藝術價值的至上標準時代已經過去了」，認為「古人的筆墨在我們手中不是武器，而且障礙了我們接近真實的自然景物」，並據此提出了科學的解決方法：「用科學的寫實方法來整理傳統的技法，保留起準確、精練、巧妙的優點把死方法變成活方法。」[註21] 李可染則在 1950 年《人民美術》創刊號上發表了《談中國畫的改造》一文，堅持認為「必先以進步的科學方法，批判研究遺產」，同時也「反對封建殘餘思想對舊中國畫無條件的膜拜，反對半殖民地奴化思想對於遺產的盲目鄙棄」，特別強調了「建立健全進步的新現實主義，同時還要防止平庸的自然主義混入」的觀點，受到了部分開明畫家的響應和支持，這些思想也影響了羅銘、張仃、李可染的江南寫生寫生主張，以及後來傅抱石的「政治掛了帥筆墨就不同」的時代吶喊，甚至還影響到了長安畫派「一手伸向傳統，一手伸向生活」的藝術思想。

〔註20〕郎紹君、水中天編：《二十世紀中國美術文選》（下），上海：上海書畫出版社，1999 年版，第 210 頁。
〔註21〕王遜：《對目前國畫創作的幾點意見》，《美術》，1954 年第 8 期。

通過以上對爭論的展開敘述可以看出，以徐悲鴻為代表的以寫實主義素描為基礎的教學觀點無疑是受到了堅持民族性和堅持傳統意向繪畫思想的反對，以潘天壽為代表的傳統畫派則提出了重視民族風格特點的教學方式，這無疑與康定斯基的主張是很接近的，因為堅持民族性恰恰是康定斯基繪畫觀所支持和包容的，康定斯基「在這種寫實構成巨大對立者是偉大的抽象，它基於完全排除對象性要素（現實性）的意向，進而以「非物質性的」形式，將作品的內容具體化。以這種方法固定於畫面的、最小程度的對象形式，其擁有的抽象生命或抽象單位，顯著地增加了重量。藉此，確實地表現出畫面的內在呼喚；在寫實方面，抽象性要素的抹殺強化了內在的呼喚。在寫實藝術中抑制呼喚的令人食欲大增的、司空見慣的外界的美，亦及常常利用於手段的對象。」〔註22〕形式反映不同的藝術家精神，形式帶有個性的印跡。我們無法想像，個性會超越時空的限制。毋寧說某種程度上，個性受制於時間（時代）或空間（民族）。恰如作為藝術家要表達自我一樣，任何民族亦即該藝術家所屬的民族，也必然要表達自我。這種關係反映在形式之中，是謂作品的民族性。〔註23〕任何民族的藝術都有自己獨特的藝術形式，藝術手法也都是對現實生活的反映。作為一種非常特別的文化形態，藝術有它自身的民族文化的個性與特色，因此，必須正視每個民族的藝術都有它不同於其他民族的地方，也只有如此，才能真正地展現出具有生活氣息的民族藝術。毛澤東在中共六屆六中全會《中國共產黨在民族戰爭中的地位》一文中闡明了自己的看法：「新鮮活潑的、為中國老百姓所喜聞樂見的中國作風和中國氣派。把國際主義的內容和民族形式分離起來，是一點也不懂國際主義的人們的做法。」〔註24〕藝術的民族性相對於藝術家個人創作而言又是一個共性的概念。藝術家的「個性」是它的基礎。沒有藝術家的創作個性也就沒有民族藝術。

（二）60、70年代

相關山水畫觀念的爭論主要是圍繞是否應繼承傳統和怎樣繼承傳統的問題而展開的。1963年，《美術雜誌》上發表了孟蘭亭的一封信，信中說「真正

〔註22〕〔俄〕康定斯基：《藝術中的精神》，李政文編譯，昆明：雲南人民出版社，1999年版，第102頁。

〔註23〕〔俄〕康定斯基：《藝術中的精神》，李政文編譯，昆明：雲南人民出版社，1999年版，第95頁。

〔註24〕《毛澤東選集》第2卷，北京：人民出版社，1991年版，第534頁。

的傳統國畫，一筆一畫皆要有出處」，〔註25〕他批評長安畫派的石魯無繼承傳統的實際工夫，充其量是「有墨無筆」。郎少君在其《守護與拓進》一書裏記載，在這場爭論中支持孟的觀點的都是一些不知名的小人物，當時知名的畫家和理論家都沒有參與。這一爭論隨著文革的到來而潛隱下來，直到80年代才由年輕一代的具有新思想的藝術家再次引爆。「中國繪畫到了窮途末路」的觀點是針對文革期間敢說真話的思想被壓制、藝術被文革主張所框定的現實弊端而提出的，「領導出思想，群眾出生活，畫家出技巧」的創作模式是藝術變成假大空僵硬圖式的根本原因。

　　「有墨無筆」是康定斯基抽象藝術觀支持的，但孟蘭亭所提的「一筆一畫皆要有出處」又是康氏所反對的。康氏之所以要反對，主要是反對形式被無目的濫用。在康氏看來，藝術用什麼形式來表現，主要看是否出於畫家的內心所需。他還認為，凡是內在需要的，發源於心靈的就是美的，任何表現手段都可用。藝術家選擇一根線條，一個圓形，一塊顏色，都要發自內心的就可以了。康氏還認為「抽象性要素和對象性要素的組合，無限之中抽象形式的選擇，或對象性材料的選擇。總之兩個領域中若干手段都要仰賴藝術家的內在必需」〔註26〕；「一筆一畫皆要有出處」之所以為康氏所反對，首先「一筆一畫要有出處」，這一思想源於「書畫同源」的理論，體現了中國書法中的傳承觀。中國書法藝術具有高度的抽象性。康氏認為人類文字形式的抽象是另一種寫實的範疇，文字的點、線、面則沒有刻畫現實的意味，因此不同於純繪畫的表現形式，而這和中國山水畫則主張以詩、書入畫，二者的觀念無疑是相通的。我們可以看出康氏對形式的支持是抽象的，並有一定的內容，同時還要根據內在需要的情況而定，不是用一種抽象臨摹另一種抽象的形式主義。孟蘭亭所提的「一筆一畫皆要有出處」正式康氏所反對其停留在一種文字寫實創作思想觀念上的形式。孟蘭亭所謂的「真正的傳統國畫，一筆一畫皆要有出處」的思想，毋寧是犯了西方形而上學的片面的、孤立的、靜止的思維錯誤。

三、熊掌得到艱難、抓魚可否解危

　　80年代到90年代，由於我們國家對外實行改革開放的政策，突如其來的

〔註25〕郎紹君、水中天編：《二十世紀中國美術文選》（下），上海：上海書畫出版社，1999年版，第210頁。

〔註26〕〔俄〕康定斯基：《藝術中的精神》，李政文編譯，昆明：雲南人民出版社，1999年版，第111～112頁。

物質衝擊，夾雜著西方花花世界異域文化侵擾，使美術界感覺到茫然失措，危機重重。以至有人認為中國畫的發展已經走到盡頭了，向前發展下去很艱難，出現了一種發展危機思想。於是出現李小山的「窮途末路」說和「85 新潮」實驗繪畫，以及後期的「筆墨等於零」危機論爭等。這個時期論爭引起的危機思想勿凝可以用「熊掌得到艱難、抓魚可否解危」和「魚和熊掌都可兼得」思想來理解。

（一）80 年代中國畫界論爭

80 年代中國畫界論爭的焦點集中在李小山的「窮途末路」說和「85 新潮」之爭上。1985 年 7 月，在《江蘇畫刊》第 7 期發表了青年學生李小山的《當代中國畫之我見》一文。作者認為，中國畫到了「窮途末路」。這篇文章吹響了反傳統的號角，同時這篇文章也是「85 新潮」的精神源頭之一。李小山認為：「傳統中國畫作為封建意識形態的一個方面，它根植在一個絕對封閉的專制社會裏。……中國畫從形成、發展到沒落的過程……潘天壽、李可染在中國畫上的建樹對後人所產生的影響，更多是消極的影響。……李苦禪、黃冑等畫家就遜色得多了。實際上，李苦禪的作品是七拼八湊的典型。」〔註 27〕李小山的「中國繪畫到了窮途末路」的觀點，遭到了堅持民族性藝術特點以潘公凱為代表的藝術家們批評。潘公凱發表了《「綠色繪畫」略想》一文，進一步闡述了潘天壽「中西方繪畫應拉開距離」的觀點，認為「東西兩大文化體系在本質上代表人類精神生活的兩大基本傾向」〔註 28〕，並主張「回歸傳統」，認為「回歸傳統」既是傳統的又是現代的。回歸傳統的思想是回歸自然，維護人類精神的自然平衡，提出所謂的「綠色繪畫」構想。作者以求同存異的觀點，消解了李小山的「窮途末路」之說，讓人又感覺到了柳暗花明。85 美術運動歸納起來有兩個特點：一是以西方現代藝術為參照的創造對象探索中國藝術，體現了走向現代繪畫的期盼，並積極參與世界交流的願望；二是風格手法自由，排斥和忽略語言技巧，追求生命本能，作品中有非常強的理性認識。主張個性意識，想通過群體的方式來表達對傳統的反抗。85 新潮是「東北藝術群體」的宣言。

從 80 年代「中國畫是否到了窮途末路」的爭論中我們可以看出，這其實

〔註 27〕李小山：《當代中國畫之我見》，《江蘇畫刊》，1985 年第 7 期。
〔註 28〕潘公凱：《「綠色繪畫」略想》，《美術》，1985 年第 11 期。

就是以康定斯基的抽象藝術觀念為支撐發展起來的西方現代繪畫觀念的爭論。其中從「東北藝術群體」的宣言「我們堅決反對那種所謂純潔繪畫的語言，使其按自律性發揮材料特性的陳詞濫調，因為我們判定一組繪畫有無價值，其首要的準則便是看它能否見出真誠的理念」〔註29〕和任戩的「東方藝術上的現代派，我覺得應該回到整體時空觀念下的形變意識，也就是從解體意識（破壞意識）進入合意識（建構意識）」〔註30〕這些論點中不難看到，這種思想有著當年決瀾社的革新影子，無不可以看出是西方構成主義抽象繪畫意識在中國世紀末的覺醒。85 新潮追求「手法自由，排斥和忽略語言技巧，追求生命本能」無不是康定斯基的抽象藝術觀所堅持自由藝術的內需所要，不求形式的現代抽象繪畫精神的要求。康定斯認為「馬蒂斯的色彩，畢加索的形式——這是兩位指向偉大目標的偉大指示」從上面論述可以看出 85 新潮所想實現的目的正是康定斯的指示精神。

（二）中國畫界 90 年代的論爭

中國畫界 90 年代的論爭主要體現為吳冠中「筆墨等於零」的論爭。吳冠中在香港的《明報週刊》1992 年 3 月號上發表了一篇《筆墨等於零》的文章，不久萬年青回應了標題為《無筆墨等於零》的文章，觀點針鋒相對。1998 年 11 月份，在「油畫風景畫，中國山水畫展覽」學術討論會上，張仃發表了《守住中國畫的底線》一文，對吳冠中的「筆墨等於零」的觀點進行了公開批評。張仃和吳冠中關於「筆墨是否等於零」之爭的焦點，無疑可以用康定斯基的抽象主張結合民族藝術加以闡述。我們從吳冠中的論文裏隨處可以看到用康定斯基點、線、面裏著中國繪畫的形式觀念，〔註31〕以及康定斯基主張的「藝術內在需求、純抽象的形式、自由藝術的主張進行新的闡述，只不過其思想最終因為勢單力薄推廣舉步艱難，但對繪畫界衝擊之大是前所未有的；如果說 30 年代的決瀾社等藝術是堅持康定斯基抽象理論觀念自說自話的話，那麼「85 新

〔註29〕舒群：《北方藝術群體的精神》，《中國美術報》，1985 年第 11 期。

〔註30〕任戩：《就中國當前藝術諸問題的對話》，1988 年第 5 期。

〔註31〕構成點、線、面，其道亦多。點線面都是造型手段，黑白五彩，渲染無窮氣氛。「不擇手段，即擇一切手段」，其實就是康定斯基理論的翻版，康氏的原話是：「所有的手法都是神聖的，假如他們是內在必需的話。所有的手段都是荒謬的，如果他們不是出自內在必需的本源。」（參見盧輔聖：《關於筆墨的論爭》，上海書畫出版社，2001 年版，第 101 頁；康定斯基：《藝術中的精神》，雲南人民出版社，1999 年版，第 48 頁）

潮」團體則是為康定斯基抽象藝術觀念放聲明志，90 年代「筆墨等於零」則是為康定斯基抽象藝術觀高歌挺進。

康氏繪畫觀裏並不強調筆墨等於零，康氏主張繪畫觀其實包含很多中國繪畫裏的繪畫精神內容。康定斯基在《藝術中的精神》一書裏也說：「唯有真正的藝術品，惟有肉體（形式）中包含著精神（內容）的作品，才能夠留傳至今。」〔註32〕從形式上看，康氏主張的繪畫內需和點、線、面的「張力」觀就和中國山水畫中的筆墨寫意精神相通。康定斯基還認為，「張力」是元素的內在力量，代表著創造性運動的一方面，「運動」的一方面——方向，也由「運動」來決定。從外在意義上說，每一個獨立的圖形或圖像形式，都可以成其為一個藝術元素；而從內在意義上說真正的藝術元素並非這些形式本身，而是內在的張力（inner tension），事實上繪畫作品的真正內涵，並不存在其外在形式上，而在於其內在形式的張力。有內在張力的作品才能氣韻生動。可以說，中國山水畫中「以書入畫」中的筆力特徵正是這種說明的體現。南朝畫家謝赫《古畫品錄》提出「六法」並把「氣韻生動」和「骨法用筆」兩法放到了伯仲之位。五代荊浩說：「氣者心隨筆運，取象不惑」，「筆者雖依法則，運轉變通，不質不形，如飛如動。墨者高低暈淡，品物淺深，文採自然，似非因筆」。〔註33〕這種思想無疑是把用筆表現物的形態內涵上提到了空前的高度。康定斯基認為：「一、簡單結構，從屬於可以清楚看出的簡單形式。此類結構我稱之為『旋律式』。二、複雜結構，由從屬於更明顯或更隱藏的形式的某些形式組成……故此，內在基礎具有更有力的聲響。此類複雜結構我稱之為『交響樂式』。」〔註34〕中國山水畫既有點、線、面純抽象形式的張力綜合形式，也有詩、書、印、風水學、畫（近代西畫寫實藝術的介入）入畫即有交響樂式的內容決定形式的抽象性，還有形式的多樣綜合藝術性。可以說中國繪畫以文化入畫的狀態要比交響樂概念更為豐富，如果康氏瞭解中國畫理論的話，他可能會提出更多的中國繪畫理論到西方抽象主義繪畫思想裏去豐富它。

〔註32〕〔俄〕康定斯基：《藝術中的精神》，李政文編譯，昆明：雲南人民出版社，1999年版，第 108 頁。

〔註33〕〔宋〕荊浩：《筆法記》，俞劍華：《中國畫論類編》，北京：人民美術出版社，1986 年版，第 608 頁。

〔註34〕〔俄〕康定斯基：《藝術中的精神》，李政文編譯，昆明：雲南人民出版社，1999年版，第 86 頁。

結　語

　　綜上所述，從 20 世紀中國畫界論爭的解讀中可以看出，上世紀前 30 年的論爭起因是中國畫發展到清末走向了一種無法自拔的仿、摹等作業程序，藝術失去了創新性。出現了藝術不能表現生活和時代的窘迫現象。於是康有為、陳獨秀等吹響了向西方寫實主義學習的號角。接著產生「二徐之爭」，「二徐之爭」主要是堅持吸收西方寫實藝術觀和堅持西方現代抽象藝術觀的審美認同爭執上；世紀中期的論爭主要在如何改造中國畫和如何堅持民族化的改造思考上；「85 新潮」和中李小山的「窮途末路」論，體現了我國改革開放後，國內青年藝術家們希望立足於現實融入世界藝術的改革探索，並希望通過以實踐的方式、以開放的心態尋求對新事物的突破和摸索，雖然表現形式有些偏激，但其開放的藝術思想還是值得鼓勵的；「筆墨等於零」和「守住底線」的爭論，從內涵上看爭論的焦點集中在是否要堅持民族性和希望擺脫民族文化至酷對藝術家的精神束縛。但從表象上看，是要堅持絕對抽象主義的形式，還是要堅持相對的民族形式與內容相濟發展。內容和形式本身就相互區別、相互聯繫。內容是事物存在的基礎，而形式則是事物存在的條件；內容是活躍多變的，而形式則是相對穩定的。絕對的內容和絕對的形式是不存在的。繪畫體現了藝術家的創作思想，任何脫離思想內容的形式作品或無釐頭庸俗的形態終將被淘汰，終將被時代所遺忘。傳統中國繪畫思想「重道輕圖」思想嚴重，山水畫則更加明顯。而西方繪畫藝術（包括寫實繪畫和抽象繪畫及平面設計構成畫）偏於「重圖輕道」。在上個世紀，中國繪畫雖然有以徐悲鴻、劉海粟為代表在中國建立起來的西方寫實繪畫教育體系的改革，加上以林風眠為代表的引進西方抽象繪畫體系的藝術實踐改造，並通過當代山水畫家用平面構成觀念的形式進行第三次革新，使中國繪畫的重道輕圖的分化方式有所緩和，但從現在的水墨發展來看、特別是近幾年深圳當代水墨雙年展和臺灣舉辦的當代水墨展來看，中國畫和山水畫又在向另外一個極端偏離。以發展的眼光看，雖然這也是一種進步，但傳統中國畫「重道輕圖」思想有其短，西方繪畫偏於「重圖輕道」有其長，從藝術本體發展上看，任何藝術對外來藝術的吸收如果不能取長補短都將是遺憾。

第一章 從康定斯基點、線、面入手結合平面構成研究中國山水畫的價值

第一節 康定斯基點、線、面入手研究中國山水畫基礎構成的價值

一、康定斯基點、線、面的緣起

20 世紀，西方現代派美術的出現受到了政治、經濟、文化、哲學、科學等多方面因素的影響。新技術革命使社會結構以及人的思想、意識、生活觀念都發生了質的變化，工業化和城市化的壓迫使人們在自我膨脹的環境中彷徨。當時攝影技術已日臻成熟，以再現、模仿自然為表達方式的西方古典繪畫藝術在這種彷徨加劇中崩潰了。隨即，人們想找到一種安慰劑，以慰藉那些受到工業化與城市化侵擾的心靈，於是，出現了野獸派、立體派、未來派、達達派、表現派、超現實主義、抽象主義畫風的探索，有論者將這一時期統稱為藝術精神的「分析時代」。

20 世紀繪畫的風格探索和藝術革新是以野獸派為肇始的，繼而出現了立體派、未來派、達達派、表現派、超現實主義、抽象主義等，最能代表這一變革的最終成就的是抽象主義；20 世紀同時又是世界美術從古典形態向現代形態轉換的時代，最能體現這一轉換的標誌要算俄羅斯抽象畫家康定斯基的抽

象繪畫理論《點、線、面》繪畫基礎理論的建立。

這時期康定斯基的經典著作主要有《論藝術中的精神》、《形式問題》、《具體藝術》、《點、線、面》。他的抽象繪畫理論對象徵主義、表現主義、達達主義、立體畫派等西方現代畫派產生了巨大的影響。有學者認為康定斯基的抽象繪畫理論是開啟 20 世紀現代主義繪畫美學的鑰匙，其中《論藝術中的精神》被稱為開啟現代繪畫的啟示錄。如果《論藝術中的精神》被稱為開啟現代繪畫的啟示錄的話，那麼《點、線、面》就是開啟現代繪畫的形式構成的基礎。《點、線、面》中的思維和形式是現代西方設計思維的核心和西方繪畫構成的基礎。

二、康定斯基點、線、面繪畫精神與中國山水畫精神相通

康氏繪畫觀與中國文人畫精神的相似、相通性主要體現在幾個方面。

首先，康氏主張繪畫是內在的需要和繪畫點、線、面運動聲音的主張，在中國山水畫中亦有這樣的內在需要，以及筆墨語言所呈現出來的聲，山水畫的這種審美幾乎和康氏點、線、面運動聲音的觀念是相通的。康定斯基還認為，「『運動』一詞就是如此，所以我用『張力』一詞來取代之。『張力』是元素的內在力量，代表創造性運動的一方面，而『運動』的一方面則是方向，『方向』也由『運動』決定。」〔註1〕1934 年，黃賓虹在《國畫月刊》上登載了他著名的《畫法要旨》，較為完整地說明了「五筆七墨」這一畫學要旨，將筆法與墨法納入到了整體畫法框架內，使筆與墨的關係更加的清晰明瞭。誰能否認中國山水畫家黃賓虹的「五筆七墨」，「錐畫沙」、「屋漏痕」、「金剛杵」，所謂「如折釵股」、「無往不復，無垂不縮」等觀念就不是世界上最有張力的點、線、面聲音呢？用康定斯基點線面的「張力」一詞來理解，中國書法和中國山水畫裏的線都集合了點、圓形、不規則形、角形、錐形等多重力量和聲音的內形組成，可見山水畫裏點、線、面聲音和張力的強大。

其次，康定斯基在繪畫上追求隱性結構也與中國山水畫追求含蓄的特點相近。康定斯基認為，文字是用抽象來表現現實的一種「抽象形式」，文字的點、線、面則沒有刻畫現實的意味，因此不同於純繪畫的表現形式。而在中國山水畫裏，則主張以詩、書入畫，二者的觀念無凝是相通的。「康定斯基認為

〔註 1〕〔俄〕康定斯基：《點、線、面》，李政文、余敏玲譯，重慶：重慶大學出版社，2003 年版，第 49 頁。

簡單結構從屬於清楚的簡單形式，此類結構我稱為『旋律』。複雜結構，由從屬於更明顯或更隱藏的形式的某些形式組成……故此，內在基礎具有更有力的聲響。此類複雜結構我稱之為『交響樂』。」〔註2〕中國山水畫既有點、線、面純抽象形式的張力綜合形式，也有詩、書、印、風水學、畫（近代西畫寫實藝術的介入）入畫即有交響樂式的內容決定形式的抽象性，還有形式的多樣綜合藝術性，這些表現形式與康定斯基的繪畫思想可以說是相知的。

　　再次，康定斯基的「點、線、面」繪畫思想產生的背景與中國山水畫思想的發生及發展過程中，幾次大的思想蛻變過程很相似。康定斯基「點、線、面」為基礎的抽象繪畫理論形成於20世紀初，當他移居慕尼黑從事繪畫之時，歐洲正處於世紀末頹唐神秘的文化氣氛中。知識分子與藝術家普遍對現實表示厭惡與逃避，而去尋找心靈的自我完善」。〔註3〕這種精神背景中國山水畫思想發生於晉代的思想背景接近。在中國的三國兩晉時期，國家連年戰亂，知識分子為逃避現實，只得賦閒在家，經常在一些風景秀美的地方雅集並信口玄說，這時知識分子尋找到了以山水慰藉心靈的方式，於是萌芽了中國山水畫藝術。

三、理解康定斯基的繪畫觀的意義

　　西方現代繪畫觀念引入中國繪畫之後，曾在上世紀引起強烈爭論，最典型的如二徐之爭，「二徐之爭」〔註4〕史稱「二徐之辯論」。從他們的論爭的過程

〔註2〕〔俄〕康定斯基：《藝術中的精神》，李政文、魏大海譯，北京：中國人民大學出版社，2003年版，第100頁。

〔註3〕〔俄〕康定斯基：《藝術中的精神》，李政文、魏大海譯，北京：中國人民大學出版社，2003年版，第2頁。

〔註4〕1929年，國民黨政府教育部舉辦了第一屆全國美術展覽會，在此期間，當時頗有影響的藝術家：徐悲鴻、徐志摩等人之間，展開了一場友好、直率而又針鋒相對的論爭，論爭的焦點集中在如何看待西方印象派和野獸派繪畫上。當時，徐悲鴻發表了一篇叫《惑》的短文，文章對西方古典主義繪畫極度頌揚，「腮斯納cezanne（塞尚）」「馬梯是Matisse（馬蒂斯）」等具有現代觀念的畫以無恥之作加以批判。並把一些有現實主義傾向的畫家：馬奈、雷若阿、塞尚混同馬蒂斯以庸、俗、浮、劣以評價，並說如果政府美術館「收羅三千元一幅腮斯納、馬梯是之畫十大間（彼等之畫一小時可作兩幅），為民脂民膏計，未見得就好過買來路貨之嗎啡海綠茵……不願再見此類卑鄙昏瞶黑暗墮落也。」作為刊物的副主編徐志摩，在同期發表了《我也惑》批判徐悲鴻《惑》的文章，認為罵他們「卑鄙昏瞶」罵他們「黑暗墮落」，已超出了個人批評的範圍。「技巧有它的地位，知識有它的用處，但憑任何高超的技巧與知識，一個作家不能造作出你我可以承認的藝術作品。」徐悲鴻隨後又發了一篇《惑之不解》的文章，繼續堅持他的觀點「形既不存，何云乎技？」，「今日之怪傑，作為領袖者，

來看則近乎謾罵！爭論的焦點集中在接受西方現代繪畫的態度上，更明確的說，這種爭論其實是接受西方抽象繪畫態度上的分歧。這方面的爭論一直延續到世紀末都沒有停止過。世紀末「筆墨等於零」的爭論無不也是對接受康氏繪畫觀的再次爭論。

上世紀的爭論觀點無非是站在榮格的「原型」說和貢布里希提出的存在於頭腦中的「預成圖式說」與康定斯基的「純抽象形式觀」上的爭執。今天借用康定斯基的藝術思想，通過其基本形式來理解中國山水畫，有助於我們理清中國山水畫的內在聯繫與區別，有助於弄清當代中國山水畫的研究和發展方向。

第二節　現代平面設計構成觀念研究中國山水畫構成的價值

一、用現代平面構成觀念研究中國山水畫構成是切合時代的需要

林風眠認為人類的繪畫應經歷三個階段：「第一個階段是裝飾化時期，主要是用線；第二階段是表現體量的真實時期，用明暗與色彩；第三階段則是單純的表現時間變化中的諸種現象時期。他認為中國繪畫沒有完成第二階段就匆匆轉入第三階段，因此，他的繪畫語言不能描繪變化萬千的陽光和光照下的眾物。」〔註5〕劉小純在《吳冠中與林風眠》一文中認為，「東西方民族都在經歷著傳統繪畫的現代蛻變，方式和途徑大相徑庭……在兩軍對壘中的共時並存中踏上了同一個進程……關於美術由傳神寫照，到借象寫意，再到現代抽象的分化邏輯的普遍必然性……當中國畫重振傳神寫照的變革一經爆發，有新寫實型、到新寫意型、在到東方抽象型的分化進程也就開始了」〔註6〕他還認為，文革後，接繼林風眠繼續開拓的吳冠中，已將水墨畫推到了第二到第三歷程的邊緣，85 新潮是前期的吶喊但沒宣告第三歷程的到來。著名理論家薛永年認為：「在書法進一步主導繪畫之後，布局的平面化與丘壑的圖式點畫化也

能好好寫得一隻狗否？」「二徐之爭」把如何吸收西方繪畫的寫實和抽象的文化爭論白熱化了。

〔註 5〕孔新苗：《二十世紀中國繪畫美學》，濟南：山東美術出版社，2000 年版，第211 頁。

〔註 6〕《吳冠中與林風眠》，劉小純、何冰、瞿墨主編：《論吳冠中——論吳冠中論文選》，南寧：廣西美術出版社，1999 年版，第 27 頁。

出現了，意境的創造相對穩定和停滯，個性化筆墨圖式的探討成為主要的藝術美追求，山水畫距離眼見的實際景色已經較遠了；進入改革開放新時期以來，畫界對由近及遠的百年反思，西方現代文化再一次以講求主觀性、抽象性、平面性、裝飾性等思想再一次對中國繪畫造成強力的衝擊。」〔註7〕林風眠和劉曉純二人的思想充分體現了其對中國繪畫的理解力，如果借用康定斯基點、線、面及抽象系統觀念來理解中國山水畫的基本構成，則更具有前探性和建設性。薛永年同時認為：本來中國山水畫都有平面性特徵，站在這個角度理解現代平面性構成理論對發展山水畫有重要的意義。

　　中國繪畫構成結構裏的二維性和平面構成性藝術結構要比西方古典繪畫要豐富。當然現代西方繪畫也不可能停留在三色調代碼（黑、白、灰）上不動，抽象主義的發展就是一個例子，現代中國山水也不可能停二維密碼的組成範圍上不動，20 世紀中國畫的現實主義改革就是一個例子，但中國山水畫近百年的三維寫實改革，在今天用一種新的角度來看，可能會有更多的發現。在中國山水畫近百年對現實繪畫的研究過程中，換一種新的平面思維和抽象思維來理解中國山水畫語言，有助於為中國山水畫探源拓流，開拓更為寬廣的視野，這也正是時代的要求。

二、平面設計中的點、線、面構成思維是科學的發展思維

（一）點、線、面：宇宙的自然本質

　　點、線、面是以抽象思維瞭解宇宙的空間的切入點。抽象與永恆，共同構成宇宙的時空本質。點、線、面是宇宙結構的原生態本質，誕生於人類之前。從另一角度看，宇宙也是由點線面構成的，如星際關係、色彩、星球、星球軌跡、流星和光、宇宙空間、星際或星球等組成的世界都可以用點、線、面來進行分析和總結。天空、雲層、電閃、水浪、岩縫、草莖、泥沼、葉脈、斑馬紋⋯⋯大自然的很多畫面都是點、線、面構成。人的生命中的血型、細胞、基因、瞳孔、膚色、指紋也是的點、線、面構成的。現代科學表明，世界是由物質的粒子、質子、中子等顆粒物質組成。可以說抽象的點、線、面是宇宙的本質，也是人類認識世界的一種方式。人類也可以通過對抽象的「點、線、面」的閱讀來感知宇宙。

〔註 7〕薛永年：《百年山水畫之變論綱》，《新美術》，2006 年第 4 期。

（二）點、線、面是人類進步的科學的思維方式

劉正偉在《從點到體——關於思維方式演化的假說》一書研究認為：「現代人思維方式的進化與幾何體系的演變具有同構性，幾何體系是從點到線、從線到面、……也是從點思維到線思維、從線思維到面思維、從面思維到體思維、由簡單到複雜、由低級到高級演進的。」〔註8〕（演進成長圖見圖 1-1）。

圖 1-1　思維演進成長圖

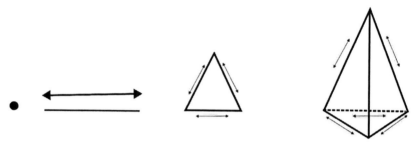

圖 1-1，思維演進成長圖：劉正偉，《從「點」到「體」——關於思維方式演化的假說》，《青海社會科學》，2005 年第 6 期。

（三）點、線、面構成是繪畫和設計構成的基礎

胡雲斌認為，「構成是設計類科學的基礎，……構成被普遍定義為科學研究的方法，將複雜的造型關係分解成最基本的造型要素，再按形式美的法則予以綜合構建。〔註9〕點、線、面是平面構成的基本元素，是塑造畫面最基本的手段，也是構成一個畫面的最基本的視覺元素。作為現代繪畫的造形語言，系統化理論化的點、線、面概念最早產生於康定斯基。通過抽象的要素表達主觀的精神，尤其是通過點、線、面的視覺表達來反映純粹的藝術精神，這是對傳統美術觀念的重大突破，點、線、面的視覺運用對現代繪畫、設計形式具有重要的影響。潘天壽曾說：「畫事用筆，不外乎點線面三者，然線由點連接而成，面也由點擴展而得，所謂積點成線，積點成面是也」。點、線、面元素是繪畫和設計的等各學科的構成基礎，無論是傾向於抽象表現的西方現代藝術，還是傾向東方意象的寫意繪畫，以及全寫實具象的西方古典繪畫，或者偏重於非寫實的抽象表現的平面構成設計，不管你是否承認點、線、面作為藝術構成的基本元素，它都客觀存在的，是具有直觀特徵的表現元素。

〔註8〕劉正偉：《從「點」到「體」——關於思維方式演化的假說》，《青海社會科學》，2005 年第 6 期。

〔註9〕胡雲斌：《平面構成》，北京：人民美術出版社，2010 年版，第 2 頁。

　　平面構成體現了藝術創作者有目的和具體主觀性的對元素的運用。其借用平面骨架結構，或用形象造型符號組織和安排畫面空間。簡言之，平面構成的無形的和有形架構在設計和繪畫中起著支撐的作用。這種濾鏡主導式的平面繪畫可能會讓所有欣賞者更容易體驗和理解其中的內涵。平面構成也是藝術設計和繪畫的基礎，運用其來解析中國山水畫構成，更容易把具有意象性構成或多重美學組成的結構程序的山水畫，其基本構成以概括、簡練地分析清楚。結合康定斯基的抽象點、線、面構成的美學精神又能更深層的、理性詮釋中國山水畫基礎語言的深度，以避免學術上就形式論形式的美學觀點。

第三節　點、線、面構成看山水畫基本構成架構的確立

　　中國山水畫基本元素的形式與內容屬於意象美學的範疇，且每個獨立和複合元素都有多重美學特徵，且非常神秘而複雜。基礎構成的形式呈多樣化的結構方式。結構分析如果不以一個邏輯強大的體系去理解，就很容易使其組織零散，包容不足；很容易把論文寫成零星散論。所以本次研究借助康定斯基礎點、線、面美學觀，以平面設計構成為骨架線索，同時兼顧中國山水畫的基礎構成語言、以普識性的基礎語言展開討論研究。

　　書畫理論家陳振濂的《中國畫形式語言探索的若干問題——關於「教學的」「中國畫」的改革理念與它的學術基點》一文，把中國畫形式語言的探索分成三個層次（見表 1-1）。〔註10〕

表 1-1

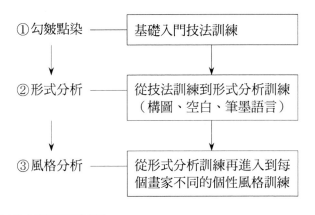

〔註10〕陳振濂：《中國畫形式語言探索的若干問題》，《文化藝術研究》，2008 年第 1 期。

　　通過上表可以看出，作者無疑把「勾皴點染」當成了中國山水畫的基本語言，把與形式相關的構圖、空白、筆墨當成了中國山水畫中的語言，把與風格相關的形式和內容當成了高級語言。這種思維構成，無疑與點、線、面的形式構成體系非常契合。

　　韓敬偉在《中國山水畫基礎教學自議》中認為，「山水畫不只是寫象，而是借助於物象媒體，在形態：點、線、面、體；形色：乾、濕、濃、淡；質地：粗、細、軟、硬及形式上的大小、又無、剛柔、虛實、開合、強弱、靜躁、陰陽、齊正的對比中創作一種秩序、節奏、和諧，藉以反映畫家所感受的宇宙意識。」〔註11〕接著他在《中國山水畫語言基礎研究》中認為，「勢態美的因素很多。總結起來大體有如下對比要素：虛實、疏密、動靜、剛柔、長短、鬆緊、大小、敲正、質華、縱橫、繁簡、生熟、藏露、開合、有無、陰陽、賓主……相對因素無法窮盡。」〔註12〕顯然，作者把山水畫中與形態相關的點、線、面、體，與形色相關的乾、濕、濃、淡，和與質地相關的粗、細、軟、硬及形式上的大小……這些元素當成了中國山水畫的基礎語言。

　　無疑，從山水畫基礎語言的分類來看，陳振濂的分類法和認識更為合理更為普識；韓敬偉的分法更為具體，但缺少些層次。

　　趙殿澤在：「把平面構成分為點、線、面和點線面的形式法則，含對稱與平衡、重複、群化，節奏、韻律，對比、變化、調和統一及破規與變異」〔註13〕。胡雲斌把構成語言分為：「視覺的形式法則分點、線、面、體構成。基本形與骨骼、平面構成的應用、形式法則（和諧、變化和統一、均衡及對稱，對比與協調、條理與反覆，節奏與韻律 2. 點、線、面的構成 3. 基本單元形與骨骼的關係 4. 應用關係①重複構成，②密集構成，③漸變構成，④近視構成、發射構成，對比構成、特異構成和分割構成及肌理構成」。〔註14〕以上對於平面構成的基礎語言的分類，無疑趙殿澤的分類法和認識更簡單概括，但又顯得過於單一；胡雲斌的分法更為具體且利於深入分析。

　　根據以上兩人對平面構成語言的定義，同時結合中國山水畫基礎勾、皴、點、染等語言，我們可以整理出這樣的比較結構思路（見表1-2、1-3）：

　　（一）平面構成的基本語言分為：基本元素、從屬元素和形式美法則。

〔註11〕韓敬偉：《中國山水畫基礎教學芻議》，《美苑》，1997 年第 5 期。

〔註12〕韓敬偉：《中國山水畫語言基礎研究》，《美術大觀》，1997 年第 9 期。

〔註13〕《平面構成》，瀋陽：遼寧美術出版社，1987 年版。

〔註14〕胡雲斌：《平面構成》，北京：人民美術出版社，2010 年版。

表1-2　平面構成基本結構表

序號	分　類	內　容
1	基本元素	點、線、面
2	從屬元素 （點線面的組合）	基本單元形、重複構成、密集構成、漸變構成、近視構成、發射構成、對比構成、特異構成、分割構成、肌理構成。
3	形式美法則 （點、線、面精神組織原則）	和諧、變化與統一、均衡與對稱、對比與協調、條理與反覆、節奏與韻律

（二）山水畫的基本語言分為：基本元素和從屬元素和形式美法則

表1-3　山水畫形式結構表

序號	分　類	內　容
1	基本技法	勾皴點染
2	形式美法則	構圖、空白、筆墨語言（濃、淡、輕、清，濃、淡、乾、濕、焦；五筆七墨等）
3	形態美法則	形態：點、線、面、體；形色：乾、濕、濃、淡；質地：粗、細、軟、硬及形式上的大小、又無、剛柔、虛實、開合、強弱、靜躁、陰陽、齊正的對比中創作一種秩序、節奏、和諧借

　　從上面兩個圖表可以看出，後一種列表的邏輯性不如前一個強，而且上一個表完全可以兼容下一個表（這裡並不是指平面構成的語言能兼容山水畫的語言，只是一種分類方法而已）。因此，還可以設計出這樣一個表1-4：

表1-4　山水畫形式結構表

序號	分　類	內　容
1	基本元素	點，線，面（空白）：勾，皴，點，染（濃、淡、乾、濕，焦；五筆七墨等）
2	中間元素	基本單元形（留白）；五星（金木水火土）九星，龍、龍、穴、砂、水（中間元素具有多重美學特徵，所以它有時是基本元素，有時又是從屬元素，本文作者注）。
3	從屬元素	從屬元素：1. 重複構成、密集構成、漸變構成（濃、淡、輕、清）、近視構成、發射構成，對比構成、特異構成，分割構成、肌理構成。2. 龍、穴、砂、水、的中國山水畫獨特的構圖形式
4	形式美法則	和諧、變化統一、均衡對稱，對比與協調、條理與反覆、節奏與韻律

　　在這個圖表中我們可以看到，第 1、2 項元素之間山水畫語言和平面構成語言可相互包容且統一於在一個概念裏，同時在一個概念裏兩種語言又互相差別並能相互補充；第 3 項形式美法則也是大家共有的普識性法則；不同的是山水畫語言要比平面構成語言內涵要豐富一些（山水畫基礎語言又兼顧多重結構的特點，比如說留白，它也有點的特徵和線的特徵，還有面和獨立型的特徵，這是山水畫語言的複雜性和多重美學的特性所決定的），而平面構成的語言在形式美法則的寬度來看，則要更為寬泛、包容面更廣些（此理在 1、2 項也相通）。

第二章　從平面構成的基本元素看
山水畫點、線、面

第一節　點、線、面概念

一、點

　　從造型設計的角度來看,「點是一切形式的基礎。幾何意義裏點只有位置沒有大小。點是線的開端和終結,是兩線的相交處。但從造型意義上說卻有不同的含意,點,必須有其形象存在才是可見的,因此點是具有空間位置的視覺單位。它沒有上下左右的連接性和方向性。其大小絕不許超越視覺單位的『點』的限度,超越這個限度就失去點的性質,就成了線和面了。圖畫中的點,並沒有精確的外形概念。幾何學意義上的點,要獲得物質化的顯現,必需一定比例佔據基面空間。此外還必須有明確的輪廓線,以從周圍的環境中區分開來。當點的大小和形狀改變,抽象點的聲音也會相應的改變。」〔註1〕在此基礎之上,康定斯基提出了點、線、面具有張力(內部運動的聲音)體現了抽象藝術、綜合藝術特點的形式觀。

　　《說文解字》中「點」是一個形聲字。從黑,占聲。本義是斑點,細小的黑色斑痕點,黑也。在《康熙字典》裏,「點」可以表達多種意思「筆劃、適足以見笑而自點耳;以筆滅字為點;鮮俟晨葩,莫之點辱。」也就是說,「點」可以是山水畫的書畫筆墨元素,也可以是一個量詞,它還有寫意的作用。在

〔註1〕趙殿成:《構成藝術》,瀋陽:遼寧美術出版社,1987年版,第4頁。

「百度詞典」裏，「點」還被從整體上分成了名詞、動詞、量詞三大類，其詞義最為貼近中國山水畫的基礎語言。在中國山水畫裏，對「點」的應用即有名詞：細小的痕跡、漢字的筆劃、液體的小滴、一定的地點或限度、事物的方面或部分的表現思想等意味，也有動詞的表現思想：用筆加上點子、觸到物體後立刻離開、向下稍微動一動立刻恢復原位、使液體一滴滴地向下落、點播、一個個地查對、在許多人或事物中指定，指點、啟發等意味，還有量詞：表示少量、用於事項、時間單位、刷、計算活字及字模的大小的單位等意味。具體解釋見腳注《說文解字》〔註2〕、《康熙字典》〔註3〕、《新華字典》〔註4〕。

在中國山水畫裏，還有一種字與「點」相近，可以表述相似的意思，這個字就是「圈」，「圈」字可用作動詞、名詞和量詞，可組成詞語圈閱、圈點、圈圈、圈套等。中國人有時候把「點」叫做「圈」，有時候也把「圈」叫做「點」。說你從西場那個籃球架下二分區那個圈跑到東半場兩分區那個圈，可以叫做從這點跑到那個點，也可以說從這個圈跑到那個圈。再比如在射擊場裏打靶，一個說你打到那個點上你就算得十環了，另一個說我要是打到那個

〔註2〕 許慎、段玉裁注：《說文解字》解釋：點「小黑也。從黑占聲。」

〔註3〕 《康熙字典》解釋：點《說文》小黑也。又《正韻》點注也。《爾雅·釋器》滅謂之點。《注》以筆滅字為點。又《玉篇》檢點也。又《廣韻》點畫。又《正韻》更點。又《廣雅》污也。《太史公報任安書》適足以見笑而自點耳。又《集韻》之廉切，音詹。人名。魯有豐點，齊有鮑點。又《集韻》丁賀切，音哆。草葉壞也。《齊民要術》故墟種麻，有點葉夭折之患。又《集韻》都念切音店。亦污也。《束皙·白華詩》鮮伴晨葩，莫之點辱。

〔註4〕 《新華字典》解釋：點（點）細小的痕跡或物體：點滴。斑點。點子（a. 液體的小滴，如「水點點」；b. 小的痕跡，如「油點點」；c. 打擊樂器演奏時的節拍，如「鼓點點」；d. 主意，辦法，如「請大家出點點」；e. 最能說明問題的關鍵地方，如「話沒有說到點點上」）。幾何學上指沒有長、寬、厚而只有位置的幾何圖形；兩條線相交處或線段的兩端。數學上表示小數部分開始的符號（·），稱「小數點」，如「231.4」。量詞，用於小的或少的：兩三點雨。幾點淚水。一定的位置或限度：地點。起點。極點。居民點。項，部分，方面：優點。要點。特點。漢字筆形之一（丶）：點畫。三點水。加上點子，引申為修飾：標點。評點。點綴。畫龍點睛。使一點一滴地落下或發出：點種。點射（自動武器有間歇的射擊）。點眼藥。一落一起或一觸即離的動作：點頭。點穴。引火：點火（亦喻挑起是非，製造事端）。查對：點數。點名。點卯（舊時稱官衙、軍伍卯時開始辦公、操練，官員查點人數）。指定，選派：點菜。點將（jiāng）。聽眾點播。指示，啟發：指點。點撥。計時的單位：更點（分為五更，一更又分五點）。三更三點。鐘點。污：點污。點辱（使受污辱）。指正餐以外的暫時充饑，亦指糕餅一類的食物：點心（「心」讀輕聲）。點補（吃少量的食品解餓。「補」讀輕聲）。同「踮」。

點上我就比你多一分。經常有人說他出大事了，天大的事，後面一問什麼事，文員說他把老闆的電腦搞壞了。哎！旁邊一個人說天大點事，還到處吵。中國人的點可以有很多表達方式，可以表示這裡那裡的「裏」，也可以表示這個圈那個圈的「圈」，而且圈可大可小，小到針尖大，也可以大到天地萬物。「圈」可以表達「面」，也可以表達「量」，還可以表現事物的質量。「圈」和「點」用在繪畫上也是如此，可以這麼說，畫中國山水畫有絕大部分時間是在做圈點工作。在中國山水畫裏除了「圈」與「點」意義相近似，山水畫構成裏的「面」與「點」和「圈」也相互牽扯。從《說文解字》瞭解到，「點」是一個形聲字。從黑，占聲。細小的黑色斑痕點，視為墨點之意。從形式上看中國山水畫裏的點、線、面，感覺是一個幾何形態，但從精神內容上說其實就是筆、墨和宣紙的關係。中國山水在論及點和面的時實為中國山水畫的筆墨關係。

二、線

在平面構成藝術解釋線為，「線是點運動的軌跡。在幾何學定義裏，線只有位置和長度，而不具寬度和厚度。是球面的邊緣和面與面的交界，線也可以說是點的連續和延長。」〔註5〕康定斯基認為：「一種驅力不是生於內部，而是在點的外部滋長。這種力量奔襲平面中，試圖自立的點將其拉開，向某個方向推移。在他的作用下點的向心力旋即渙散，點也旋即消亡，轉而融入一個新的生命並按這個新的規則存在。這個新生命就是線。」〔註6〕線的分類：有直線、曲線，其他的折線、粗線都是由這兩大基本形派生出來的。

在《說文解字》裏沒有「線」這個字，在《康熙字典》和《新華字典》裏，「線」主要指的是一種絲線、棉線和縫補衣服用的絲線，是一個非常現實性的物品。在《新華字典》裏，解釋「線」為「用絲、棉、麻、金屬等製成的細長可以任意曲折的東西。」對「線」字的解釋見腳注《康熙字典》〔註7〕、《新華

〔註5〕〔俄〕康定斯基：《點、線、面》，李政文、余敏玲譯，重慶：重慶大學出版社，2011 年版，第 46 頁。

〔註6〕〔俄〕康定斯基：《點、線、面》，李政文、余敏玲譯，重慶：重慶大學出版社，2011 年版，第 46 頁。

〔註7〕《康熙字典》解釋：線《糸字部》；《廣韻》《集韻》《韻會》𨽻私箭切，音線。《正韻》先見切，音霰。《說文》線，古文作綫。《周禮·天官》縫人掌王宮縫線之事。《注》線，縷也。又《冬官·考工記·鮑人》察其線，欲其藏也。《注》謂縫車之縷。《集韻》亦作綖。

字典》〔註8〕。

　　中國山水畫對「線」特別講究，但以「線」論畫則主要是現代人做的事。在中國古代，人們對「線」還有一個叫法叫做「絲」，叫「絲」的原因應該是中國是絲綢的故鄉的緣故。中國早在黃帝時期，就有「蠶神獻絲」、「天神化蠶」的故事了。在漢唐，「絲」開始大量出口海外。《康熙字典》裏解釋「絲」為：「《急就篇注》抽引精繭出緒曰絲。《書·禹貢》厥貢漆絲。《詩·召南》素絲五紽。」《新華字典》裏解釋「絲」是「蠶吐出的像線的東西，是織綢緞等的原料：蠶絲。通常有絲綢、繅絲這樣的詞語組合。而像「絲」的東西常說的有鐵絲、菌絲、肉絲、游絲等。

　　在繪畫中，把對「線」的描述稱為「筆」。中國古代人物古法十八描寫有：「鐵線描」、「高古遊線描」、「戰筆水紋描」、「減筆描」等。在《新華字典》，「筆」指寫字、畫圖的工具，是一個會意字，可作名詞、量詞用，常說筆調、筆法、筆劃、筆劃、筆勢、筆墨、筆力、筆錄、筆走龍蛇、筆資等，所以傳統中國山水論中論線者也多為論筆。線是一個形聲字，可作名詞、動詞和量詞用。相比之下，「絲」和「筆」所具有的表情達意的功能就比較少。中國文人畫是重意輕形的。「線」不如「絲」和「筆」有質量。

三、面

　　胡雲斌在《平面構成》一書認為，「面」「從數學的角度上講，是線運動的軌跡。通常情況下，點的密集也能成線，線的密集便是面」。〔註9〕康定斯基這樣看「基本面」：「就是承載藝術作品內容作品的物質平面。我們稱呼為基面。」標準的基礎面由兩條橫線和兩條豎線圍成，一旦邊線閉合，基面便自成一體。在《說文解字》裏，「面」「是解釋的是人的臉：「面，〔彌箭切〕，顏前也。從，象人面形。凡面之屬皆從面。」《康熙字典》裏解釋得略為豐富些：《禮·曲禮》夫為人子者，出必告，反必面。私面、牆面、君面、人面、相背曰面、大輅在賓階面、綴輅在阼階面、諸侯北面而見天子等等。

〔註8〕《新華字典》解釋：線（線）xiàn 用絲、棉、麻、金屬等製成的細長可以任意曲折的東西：絲線。棉線。線圈。線材。線繩。幾何學上指一個點任意移動所構成的圖形：直線。曲線。線條。像線的東西：光線。視線。線索（a. 事情的頭緒或門徑；b. 文學作品中情節發展的脈絡或文章的思路）。戰線。生命線。量詞，用於抽象事物，數詞限用「一」，表示極少：一線希望。

〔註9〕胡雲斌：《平面構成》，北京：人民美術出版社，2010年版，第37頁。

　　所有的「面」都是以人面為座標的，於是在《新華字典》裏才有了超越人面為座標的解釋。「面」「體」都不是西方繪畫和研究的專利，西方人在對此的研究高度也並未超越過中國山水畫的理論範疇。學者蕭雲儒在 2011 年的「西安美術學院研究生學術月」上講，中國人的生活實踐偏向儒，藝術實踐偏向道，這是沒錯的。中國山水畫由於受《易經》文化和道家文化的影響，中國人在古代尊天比人重，在繪畫上講究天人同構，所以，也影響到在山水畫的處理上。中國山水畫在畫面的處理上受到以大觀小或以小觀大的審美觀念影響，比如說中國山水畫把面擴大到天地的範圍，繪畫重面的關係把經營面的觀念叫經營天地。山水畫中對畫面通常有幾種經營手法：

（一）經營天地

　　中國山水畫特別講究「比興」手法的運用，在藝術形象的處理上又注重對意象、象意和悟象的處理方式。正所謂荊浩所說的「思者刪撥大要，凝想形物。景者制度時因，搜妙創真」。〔註10〕這個繪畫構思怎麼能用《說文解字》和《康熙字典》的解釋創作出來呢？

（二）中國山水畫「片」的處理觀念

　　在《新華字典》裏，「片」與「面」是相同的，而且還指「大地區內劃分的較小地區。」「指面積、範圍、景象、心意等或成片的東西」。可組成詞片刻、片面、片甲不存等。在中國文字裏「片」是一個可以表現「大」，也可以表現「小」的字，這就是為什麼古人寫詩都喜歡用「片」而不用「面」的原因。辛棄疾在《西江月·夜行黃沙道中》就有「七八顆星天外，兩三點雨山前，稻花香裏說豐年，聽取蛙聲一片」〔註11〕的經典語句，齊白石的《十里蛙聲》裏也有「聽取蛙聲一片，十里蛙聲一片」的題跋。這些詞句裏的「面」同時也是「片」。正如陳壽詳先生在他的教學誌裏說：一片葉、一片水、一片沙灘、一片白帆、一片白雲、一片藍天，都是面的概念。所以中國山水畫受「意象」觀念和「比興」手法的影響，對「面」的表現早已超越了形式的範圍，你能說這不是純自由、更內在、更好的抽象精神表現嗎？

<hr>

〔註10〕〔宋〕荊浩：《筆法記》，盧輔聖主編：《中國書畫全書》第 1 冊，上海：上海
　　　　書畫出版社 1993 年版，第 6 頁。

〔註11〕徐中玉主編：《中國古典文學精品普及讀本·唐宋詞》，廣州：廣東人民出版
　　　　社，2019 年版，第 442 頁。

具體面的處理手法和叫法。「面」是中國山水畫裏最小的面關係（人的面在山水畫裏面比天地小多了，且不宜用山水畫比興的手法去表現），山水畫用人面的「面」來處理山水往往是注意局部這可能和「面」是人臉的一個部位有關。常說給您天大的一個臉面了，其實也沒超過一張紙的。具體解釋見《說文解字》〔註12〕《康熙字典裏》〔註13〕《新華字典》〔註14〕。

四、關於「體」概念的補充

中國畫家張仃先生認為：「中國畫主要依靠線作為造型的手段，是否有侷限性。當然除了線還有點，用線和點變成面……這種手段和任何手段一樣是

〔註12〕《說文解字》解釋：面，面顔前也。從面，象人面形。凡面之屬皆從面。彌箭切。清代段玉裁《說文解字注》顔前也。顔者，兩眉之中間也。顔前者謂自此而前則為目，為鼻，為目下，為頰之間，乃正鄉人者。故與背為反對之偁。引申之為相鄉之偁。又引申之為相背之偁。易窮則變。變則通也。凡言面縛者，謂反背而縛之。価從面。從面。象人面形。謂口也。左象面。彌箭切。十四部。凡面之屬皆從面。

〔註13〕《戌集中》《面字部》面；《唐韻》《集韻》《韻會》丛彌箭切，音価。《說文》本作𡕡，顔前也。從面，象人面形。《書‧益稷》汝無面從，退有後言。又見也。《禮‧曲禮》夫為人子者，出必告，反必面。《注》反言面者，從外來，宜知親之顔色安否。《儀禮‧聘禮》擯者出請事，賓面如覿幣。《注》面，亦見也。《周禮‧秋官‧司儀》私面。《注》私覿也。又向也。《書‧周官》不學牆面。《疏》人而不學，如面向牆。《禮‧曲禮》天子當依而立，諸侯北面而見天子，曰覲。又《玉藻》唯君面尊。《注》面，猶鄉也。《周禮‧冬官考工記‧匠人》面朝後市。又《廣韻》前也。《儀禮‧士冠禮》覆之面葉。《注》面，前也。又《韻會》方面，當四方之一面也。《書‧顧命》大輅在賓階面，綴輅在阼階面。《周禮‧冬官考工記》或審曲面勢。《注》審察五材曲直方面形勢之宜。《史記‧留侯世家》獨韓信可屬大事，當一面。又《韻會》相背曰面。《史記‧項羽紀》馬童面之。《注》如淳曰：面，不正視也。《前漢‧項羽傳注》師古曰：如淳說非也。面謂背之，不面向也。面縛亦謂反背而縛之，杜元凱以為但見其面，非也。又《前漢‧張敞傳》自以便面拊馬。《注》師古曰：便面，扇之類也。亦曰屏面。

〔註14〕面：頭的前部，臉：臉面。顔面。面目。面面相覷。用臉對著，向著：面對。面壁（a. 面對著牆；b. 佛教指面對牆壁靜坐修行）。事物的外表：地面。面友（表面的、非真心相交的朋友）。面額（票面的數額）。方位，部分：前面。反面。片面。全面。多面手。量詞，多用於扁平的對象：一面鼓。會見，直接接頭的：當面。面議。面晤。耳提面命（「耳提」提著耳朵叮囑；「面命」，當面指教，形容教誨般切）。幾何學上指線移動所生成的形跡，有長有寬沒有厚的形：平面。曲～面。糧食磨成的粉，特指小麥磨成的粉：麵粉。麵食。麵包。粉末：藥面兒。由麵粉和水做成的條狀食物：麵條。食物含纖維少而柔軟：這種瓜很面。

有偏限性……毛筆的線不是那麼簡單的線，不只是物體和空間的分界線」。〔註15〕當然這句話應該這樣補充一下為除了線還有點，用線和點變成面，再組成體，是繪畫的基本規律。從 20 世界的中國畫家實踐上看，中國畫也不輸西畫的點、線、面、體刻畫。

第二節　山水畫中的點、線、面構成觀念解析

今天，我們瞭解了康定斯基對點、線、面的看法，總體上我們可以將他的看法歸納為幾個方面：「點、線、面」形式運動的內在力；「點、線、面」是純抽象的形式；同時中國山水畫的「點、線、面」也是圖式「張力」和「運動」聲音的律動體現。

一、點運動的內在張力──點的張力

「張力」這個概念，康定斯基在書裏也作了明確的解釋：「運動一詞就是如此，所以，我用『張力』一詞取而代之。」張力「是元素的內在力量，代表創造性『運動』的一方面，而『運動』的另一方面則是方向，也由運動決定。」〔註16〕從外在意義上說，每一個獨立的圖形或圖像形式，都可以成其為一個藝術元素；而從內在意義上說，真正的藝術元素並非這些形式本身，而是內在的張力（innertension），事實上，繪畫作品的真正內涵，並不存在其外在形式上，而在於其內在形式的張力，有內在的張力，作品才能氣韻生動。〔註17〕可以說，中國畫山水畫中「以書入畫」中點的筆力特徵正是這樣體現的。以點、線、面論山水形式，其實這種形式的點、線、面對中國山水畫來說，實際是論筆墨，其中筆墨的內在思想也體現了中國山水畫中儒、道、釋觀念。

南朝畫家謝赫《古畫品錄》提出了評畫的六法，並把「氣韻生動」和「骨法用筆」兩法放到了伯仲之位。五代荊浩說：「氣者心隨筆運，取象不惑」，「筆者雖依法則，運轉變通，不質不形，如飛如動。墨者高低暈淡，品物淺深，文採自然，似非因筆」。「筆者雖依法則，運轉變通，不質不形，如飛如動。」用

〔註15〕《關於中國畫傳統創作繼承問題》，張仃著，王魯湘編：《中國名畫家全集·當代卷·張仃》，石家莊：河北教育出版社，2007 年版，第 124 頁。

〔註16〕〔俄〕康定斯基：《點、線、面》，李政文、余敏玲譯，重慶：重慶大學出版社，2011 年版，第 49 頁。

〔註17〕〔俄〕康定斯基：《點、線、面》，李政文、余敏玲譯，重慶：重慶大學出版社，2011 年版，第 25 頁。

筆表現物的法則和形態的變通，不受形體的約束、如動如飛，這裡正和氣相
通。「墨者高低暈淡，品物淺深，文採自然。」〔註18〕王羲之在《筆勢論十二
章》中對「點」總結是說：「夫著點皆磊磊似大石之當衢，或如蹲鴟，或如科
斗，或如瓜瓣，或如栗子，存若鶚口，尖如鼠屎。如斯之類，各稟其儀，但獲
少多，學者開悟。」〔註19〕《題衛夫人筆陣圖後》：「下筆點畫，芟波屈曲，皆
須盡一身之力而送之。」「每作一點，如高峰墜石。」〔註20〕謝赫和王羲之關
於點、線論述，即含有形而下的技術成分，但更多表達的是中國書畫中點、線
的「張力」。

近代畫家黃賓虹先生認為，「我們對外界視覺不是照單全收，而是有選擇
地接受，當組織成的」形「（即」圖」）凸現出來後，其餘的部分就隱退為背景。
這一組織活動會使觀者的視知覺產生緊張（即張力）；比如說三角形或圓形不
規則（如變形）、不完整（如省略而造成不封閉的形狀）、不對稱（如不平衡），
視知覺會自發地產生一種改變刺激物的力量。」〔註21〕這裡黃賓虹先生同樣看
到了幾何形張力在中國畫中的應用，同時他還闡述了如何取捨地接受幾何形
「張力」來傳達中國山水畫的力量。我們從南朝畫家謝赫「氣韻生動」、「骨法
用筆」到荊浩的「筆者雖依法則，運轉變通，不質不形，如飛如動」及王羲之
「每作一點，如高峰墜石。」的理論中不難看出，中國書法和畫裏的張力正如
黃賓虹老先生理解的，是一種圖形和畫面視覺給心裏造成的緊張力。這和康
定斯基對張力的理解是相通的。康定斯基對張力的理解只不過是中國山水畫
精神中的筆法和形法張力總結的西方現代代言人而已，或者可以這樣說，是
一個穿著西裝的外國人以幾何的思維為依託，以鴨嘴筆和麥克筆來演繹中國
繪畫中的純藝術精神觀。這樣我們在看康定斯基對點、線、面張力的理解就
知道了。康定斯基發現點的張力的方法這樣解釋的，（見圖 2-1）和康氏的如下
文字詮釋：

　　　將點從「實用」的正常位置移往不使用不合邏輯的位置

〔註18〕陳傳席：《中國山水畫史》，天津：天津美術出版社，2001 年版，第 70 頁。

〔註19〕〔晉〕王羲之：《筆勢論十二章並序》，魏秋芳主編：《滿庭芳集》，北京：金盾
　　　　出版社，2013 年版，第 1 頁。

〔註20〕〔晉〕衛夫人（鑠）：《衛夫人筆陣圖》，盧輔聖主編：《中國書畫全書》第 1 冊，
　　　　張顏遠《法書要錄》，上海：上海書畫出版社，1993 年版，第 32 頁。

〔註21〕黃賓虹著，王中秀導讀：《虹廬畫談》，上海：上海書畫出版社，2007 年版，
　　　　第 10 頁。

我今天去看電影．

我今天．去看電影

我今．天去看電影

我今天去看電影

圖 2-1

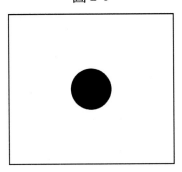

圖 2-1，點：參見趙殿成，《構成藝術》，瀋陽：遼寧美術出版社，1987 年版。

　　康定斯基把點理解割斷思維的一種為無思維的純元素，這種觀念就好像禪宗的「現量」思想。

　　運用康定斯基排除環境實用性的思想，我們會發現了藝術張力的方法來理解中國元素的張力，會得到中國藝術中更多的張力啟示（見圖 2-2、圖 2-3、圖 2-4）。

圖 2-2　米芾書法《虹縣詩》局部

圖 2-2，米芾書法《虹縣詩》局部：參見孫寶文編，《歷代名家墨蹟選‧米芾虹縣詩》，吉林文史出版社，2007 年。

圖 2-3　米芾書法　　　　　　　　　　圖 2-4
《虹縣詩》裏的點　　　　　　　　　　顏體字的點

圖 2-3，米芾書法《虹縣詩》裏的點：參見孫寶文編，《歷代名家墨蹟選‧米芾
　　　虹縣詩》，吉林文史出版社，2007 年。

圖 2-4，顏體字點：《禮碑入門：唐顏真卿楷書》，西冷印社出版社，2004 年版。

二、點、線、面的形式──純抽象的形式

　　康定斯基認為從外在意義上說，每一個獨立的圖形或圖像形式，都可以成
其為一個藝術元素。而從內在意義上說，真正的藝術元素又非這些形式本身，
而實際是內在的張力。事實上，繪畫作品的真正內涵，並不存在其外在形式上，
而在於其內在形式的張力，有內在的張力，中國藝術作品所達到的氣韻生動概
念就是如此。從此來看，形式並不重要，這是我們山水畫為什麼一直追述「氣
韻生動」、「逸筆草草」〔註22〕為最高境界的原因。在繪畫作品裏並無內容空形
式，也沒有無形式的空內容的藝術品。如果繪畫的內容和形式其中的一種不存
在和全部抽象掉了，似乎人們很難把它當畫看，可能會更像是哲學和音樂什麼
的，因為繪畫首先是視覺形象藝術。

　　我們這裡用康定斯基所表達的純抽象的形式來分析中國山水畫的點、線、
面的運動形式，它是一種自然工具表達，同時也是一種類似數學幾何邏輯表
現，只是所使用的工具不同而已，但所想表達的精神是相通的。

三、點、線、面的綜合精神──內容的集中體現

　　「如果一個單音能把圖畫的目的表露無遺，就應該視為一個構成。也就是
說單音也可以是構成。」「如果我們從外表考慮構成之間的差異，那麼表面的
繪畫目的就等於數值的差異，是量的差異……這個原初型的構成中必然要兩

〔註22〕逸筆草草是中國文人畫的思想，和康在《藝術中的精神》一書裏提出的內在需
　　　　要和絕對自由精神相通。

種聲音……目前我們需明白要成就構成，從質的層面來說，必須要有多重聲音。」〔註23〕從以上的闡述可看出，康定斯基對點、線、面構成的精神是以音樂結構為假想的骨架來建構的，如音樂裏的單音到複音、再從繪畫二維到三維的結構來思考的，如音樂的兩步曲、三步曲、迴旋曲、協奏曲，組曲奏鳴曲、交響樂等等，作者還對此進行了比較。中國的組合點線面的構成綜合聲音是以易學思維為主導的，並結合儒、道、釋的思想進行組織的，運用得較為普遍的是太極、周易八卦思想的二進制思維（見圖2-5、圖2-6和表2-1）。

圖2-5　太極八卦陰陽變化圖

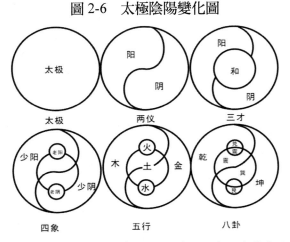

圖2-5，太極八卦陰陽變化圖：周振甫，《周易譯注》，北京：中華書局，1991年版。

圖2-6　太極陰陽變化圖

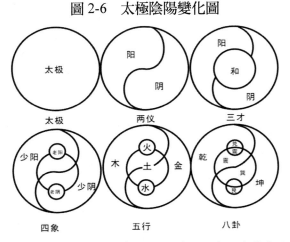

圖2-6，太極陰陽變化圖：周振甫，《周易譯注》，北京：中華書局，1991年版。

〔註23〕〔俄〕康定斯基：《點、線、面》，李政文、余敏玲譯，重慶：重慶大學出版社，2011年版，第28頁。

表 2-1

太極	陰	濃	疏密、動靜、剛柔、長短、鬆緊、大小、敧正、質華、縱橫繁簡、生熟、藏露、開合、有無、賓主相對因素無法窮盡
		淡	
	陽	虛	
		實	

石濤《畫語錄》開篇即云：「太古無法，太朴不散；太朴一散，而法立矣。法於何立？立於一畫。一畫者，眾有之本，萬象之根；見用於神，藏用於人，而世人不知。所以一畫之法，乃自我立。」〔註24〕這就是中國傳統繪畫理論中著名的「一畫論」。這種主張無疑和中國傳統文化「三教合一」的道統思想分不開的，石濤最終把「一」這個本體追溯到了《周易》的「伏羲一畫」宇宙生發論。

（一）線

1. 線運動的內在力──線的張力

在有關「點」的一節中，我們已暸解了點、線的張力在國畫裏就是山水畫裏筆墨的張力或稱筆力，這裡不再闡述。中國書法講究屋漏痕（線的運動就像房子漏雨一樣，一個雨滴接一個雨滴住下留痕），陸羽《釋懷素與顏其卿論草書》中說，懷素稱「吾觀夏雲多奇峰，輒常傚之，其痛快處，如飛鳥出林，驚蛇入草，又如壁坼之路，一一自然」〔註25〕延其卿惟，何如屋漏痕「懷孝起而：握公平日。得之璺。南宋姜燕《續書譜》稱「屋漏痕者，欲其無起止之跡，錐劃沙，屋漏痕。錐畫沙。折叉股、印印泥。錐畫劃沙，屋漏痕，無疑是積。」〔註26〕這些都是積點成線的張力泛釋。折叉股。體現了角的張力。中國畫的線同樣也強調藏頭，這種藏頭護尾，就是為線的起始提供含蓄的力量，「張力」。橫劃尾與首同時含有曲線的合力。董其昌曾在他的作品中題詞評價王蒙：「王侯筆力能扛鼎，五百年來無此君。」〔註27〕近代山水畫家黃賓虹引書入畫將繪畫的筆墨歸納為平、留、圓、重、變；濃墨、淡墨、破墨、潑墨、漬

〔註24〕〔清〕石濤著，黃蘭波點注：《畫語錄》，南寧：廣西人民出版社，2001年版，第3頁。
〔註25〕楊成寅著：《太極美學》，北京：學林出版社，2017年版，第315頁。
〔註26〕《釋懷素與顏真卿論草書》，陸羽：《歷代書法論文選》，上海：上海書畫出版社，1979年版，第283頁。
〔註27〕〔元〕王蒙：《太白山居圖》，《大圖範本》，南昌：江西美術出版社，2012年版。

墨墨、宿墨等五筆七墨觀，〔註28〕最後用太極圖式再歸納千古一筆歸類於一波三折（見圖2-7、圖2-8）。

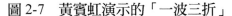

圖2-7　黃賓虹演示的「一波三折」

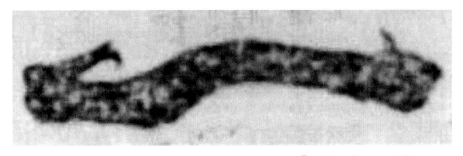

圖2-7，黃賓虹書法用筆一波三折演示：張桐瑀，《「引書入畫」在黃賓虹山水畫筆墨轉換中的重要作用》，北京：中國藝術研究院，2007年博士畢業論文。

圖2-8　黃賓虹演示「一波三折」演示張力分析

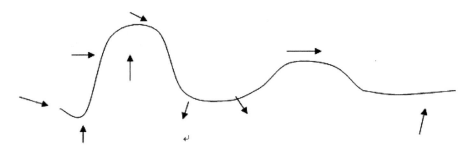

圖2-8，黃賓虹「一波三折」演示張力分析。

　　張顏遠說：「夫象物必在於形似需全其骨氣，骨氣形似，皆本立意而歸乎於用筆，故工書者多善畫」「意存筆先，畫盡意在，所以全神氣也」。〔註29〕這裡的神氣就是用筆用線的一種「張力」，而「張力」的源動力又在於用筆（見圖2-4）。

2. 線的形式──純抽象的形式

　　中國山水畫論線也就是論筆，山水畫中所謂線就是筆以書法線條的形式來表現，這是大家都認可的公認的中國畫秘密。康定斯基在《藝術中的精神》

────────────

〔註28〕張桐瑀：《「引書入畫」在黃賓虹山水畫筆墨轉換中的重要作用》，北京：中國藝術研究院，2007年博士論文。

〔註29〕〔唐〕張顏遠：《歷代名畫記》，盧輔聖編：《中國書畫全書》第1冊，上海：上海書畫出版社，2000年版，第127頁。

一文中承認文字有兩個特性：「1. 文字具有實用符號性作用。2. 作為最初的形式的內在呼喚，文字具有獨立的、獨一無二的作用。」〔註30〕第 2 項是康定斯基認可的抽象性形態，中國山水畫正是去掉書法裏線條的實用性，利用其抽象聲音為自己服務的。所以山水畫裏的線條具有獨特的抽象特徵。《美苑》，1997年第 5 期陳青洋《論中國畫線條的發展》認為：中國繪畫的線條發展經歷了三個時期：由原始時期線條的無法階段，到秦漢時代的有法階段，以至唐宋階段的立法階段。到明、清線條「無法」的初期階段；清代線條「無法」的發展階段。把中國畫的線條發展講得很清楚。線條繪畫是以中國畫為代表的東方藝術形式。我國在仰韶彩陶時期，就出現了以點、線、面為抽象藝術的經典代表繪畫作品，其藝術特點與康定斯基的抽象繪畫主張基本相符（請參考圖 2-9、圖2-10，仰韶文化中的點、線、面構成）。

圖 2-9　仰韶彩陶器　　　　　　　圖 2-10　仰韶彩陶器

圖 2-9，《仰韶彩陶器》：陳克倫著，《彩陶》，上海人民美術出版社，1998 年版，第 6 頁。

圖 2-10，《仰韶彩陶器》：《甘肅省博物館編》，蘭州：甘肅彩陶，文物出版社，1979 年版，第 13 頁。

3. 線的綜合精神——內容的集中體現。

中國畫的線條，不光是對事物輪廓的概括，還是對物質形象的綜合提煉，書法的介入使物象的本質得以充分的顯現，並增加了事物的精神。中國畫在唐以前就形成了以線造型的繪畫語言。繼人物畫 18 描法之後，山水畫在唐代已經形成用線造型的皴法，到宋代逐漸以橫豎點子的方式形成了早期的雨點皴

〔註30〕〔俄〕康定斯基：《藝術中的精神》，李政文、魏大海譯，北京：中國人民大學出版社，2003 年版，第 132 頁。

法，之後的行草入畫加強了這種聲音，同時豎線、橫線結合波折線，經不同方式的演變（加長、加曲）形成變化的新皴法，這變化加強了中國繪畫聲音的「張力」；線的力量再結合勾、皴、點、染等方式二進制組合，形成了交響樂一般的綜合性音響。

在山水畫裏，「線條」相對「點」來講，具有比較強的獨立性。傳統山水畫中的筆墨應用與周易八卦的二進制思維結合，不破、不立，以「對立統一」的方式參與山水畫的畫面組織活動（見表2-2）。

表2-2

太極	陰	濃	疏密、動靜、剛柔、長短、鬆緊、大小、敲正、質華、縱橫繁簡、生熟、藏露、開合、有無、賓主相對因素無法窮盡
		淡	
	陽	虛	
		實	點與線、面與線、面與點

中國山水畫的複雜性在於點、線、面的不同形式組合。這種組合與太極八卦的二進制組織思維非常類似，點與線、點與面、線與面、又互為對子關係，參與其中，形成一個無窮境界的變化遊戲。同時線面構成、點線構成又讓藝術聲音不斷豐富。〔註31〕如二維的「點、線、面」就是綜合音效了，而三維加時間和空間組織方式的加入，又使聲音更為豐富了。從中國山水畫語言來看，線的意象性發展已經達到了爐火純青的程度，但作為線發展的寬度來看，無疑還有很大的空間。從平面構成語言來看，線的寬度有更寬泛的包容性，現代人由於自身修養及外來文化的強勢衝擊，只重視到了對「線」的片面研究，對「線」的深度的吸收還是有一定的侷限。這就給兩種語言提供了互建的空間。另外，康定斯基用幾何觀念還向我們揭示了中國山水畫的幾個本質表現特性：

線角成音的表現力，作者稱為三重音（見表2-3）。

直線曲線的生理特性。

橫線冷形式，直線暖形式，對角線的冷暖形式。

圖2-11 石魯《畫鳥畫》中銳角構成線條的即尖刻又活躍，藝術張力明顯。

〔註31〕從點的原始初型到線的原始初型，隨著藝術手段的增強，元素的聲音從一種驟然增加到十二種。這十二種聲音來源於四個面和兩條線。線面的構成，讓聲音雙倍增長。

表 2-3

銳角聲音	尖刻而活躍、思維敏捷、躍躍欲試
直角的聲音	冷靜克制，舉重若輕、沉著克制
鈍角的聲音	遲拙而消極（消極和平和態度，使它自身不斷退縮，直至深埋在園裏孤芳自賞。畫不達意、心懷遺憾、意興闌珊）

圖 2-11　石魯《畫鳥畫》

圖 2-11，石魯《花鳥畫》：《中國近現代名家畫集·石魯》，人民美術出版社，1996 年版，第 185 頁。

（二）面

1. 面的吶喊──張力

抽象的「面」是有張力的，這個觀念並不是康定斯基的專利發明，中國書畫的事實已經證明早在唐、宋時期，中國人已把這種「張力」觀念運用到了極致。

借用康定斯基的基面觀來說，基面就是中國畫宣紙的面，它可以是多形態的。它是聲音語言，「面」的元素聲音形為相互獨立，相互對立統一於繪畫辯證的邏輯關係。這在中國山水畫裏也早就有研究，詩、書、畫、印入畫把這一關係推向了一個更高的層次。中國書畫是在宣紙上創作，同時也是根據宣紙的張力，在畫面中不停地添加各種張力元素，在「對立統一」的原則下不斷演

進，最後得到一個總的張力。中國畫的生發論就像八卦思維構成：八卦中的每一卦都依前一卦變化而來，而且兩兩相對，顯得冷靜而有秩序，卦畫在陰陽變化中求得力的平衡，傳統中國畫的表現亦是如此演進的。

康定斯基對「張力」的解釋是：「基面自身的右邊，也就是觀者看到的在左邊，給人以鬆散、輕盈以及自由的感覺」。〔註32〕他提這個概念彷彿是說張力跟民族習慣有關，他說這個張力作用剛好與我們中國人的習慣相反，因為中國人基本上都是用右手來吃飯或幹活的，在中國人觀念裏畫面的右邊更輕鬆，處理起來感覺更容易。所以康氏理論的張力問題沒有超過中國山水畫的意象範疇，甚至可以說是停留在意象和象意的範圍中。

2. 面的形式──純抽象的形式

中國山水畫中對面的處理是多樣複雜的，總的計算起來不超過象意意象、悟象的形式，郭熙《林泉高志》裏說：「凡經營下筆，必合天地，謂如一尺半幅之上，上留天之位，下留地之位，中間方立意定景」，〔註33〕郭熙此論可以說對繪畫「面」的經營構思。黃賓虹老人講書畫時亦云：「古人重實處，尤重虛處；重黑處，尤重白處；所謂知白守黑，計白當黑，此理最微。」〔註34〕黃賓虹這裡強調的「白」和「黑」，其實就是中國畫「面」的圖地思維。中國畫重視「留白」，中國人常把「白」當成畫來處理，白處可以表現抽象事物，也可以是一個哲學符號，還可以是多元的實物，如：雲、山、路、水等等。中國山水畫對「畫面」各元素的處理也是用「面」作為骨骼的抽象形式進行組織的。風水學入畫後，中國山水畫的各元素以「龍、穴、砂、水」的二維平面結構形式組織畫面，其張力形式尊重抽象原型元素的「張力」規則。

3. 面的綜合精神──內容的集中體現

荊浩說：「思者刪撥大要，凝想形物。景者制度時因，搜妙創真。」〔註35〕這無疑是點、線、面以綜合聲音形式聲響的構成組合的一種闡述。

康氏把「面」的聲音分為兩類，一類是純基面的聲音，還有就是作為畫面

〔註32〕〔俄〕康定斯基：《點、線、面》，李政文、余敏玲譯，重慶：重慶大學出版社，2003 年版，第 111 頁。
〔註33〕〔宋〕郭熙：《林泉高志》，盧輔聖主編：《中國書畫全書》第 1 冊，上海：上海書畫出版社，1993 年版，第 500 頁。
〔註34〕陳晉、陳昊月編：《銅韻墨語》，長沙：湖南美術出版社，2018 年版，第 56 頁。
〔註35〕〔宋〕荊浩：《筆法記》，盧輔聖主編：《中國書畫全書》第 1 冊，上海：上海書畫出版社，1993 年版，第 6 頁。

時畫中各元素以幾何形式表現出來的聲響。他提到了幾個相關面的張力與形式的觀點,可以推斷出他的這些理論,實際上並沒有超過中國繪畫的意象審美範疇。1.「水平延伸的冷基面中,如果施加及集中的縱向張力,張力就會顯得極有「戲劇性」,因為水平基面始終在強烈的約束這類張力,這種對比如果運用到極致,甚至能導致難以忍受的痛感。」〔註36〕這個觀點無疑也是中國意象繪畫表達的典型。《點、線、面》一書指出:「點和平面上其他形體之間的大小關係、一個圖形形式,在一個空白的基面上或許只是一個點,但如果情況有變,比如說基面上出現了一條細線與點並置,此時點就成了面。」〔註37〕我們無疑可以從唐代詩人王維的「大漠孤煙直,長河落日圓」的詩句裏看出這種意象美來;2. 基面上部,給人以鬆散、輕盈以及自由的感覺。3. 基面自身的右邊,也就是觀者看到的在左邊,給人以鬆散、輕盈以及自由的感覺。而且從第3點來看,這種輕重鬆散張力還跟民族習慣有關,在中國人看來恰恰相反是左邊給人與鬆散的感覺,這主要是源於中國人習慣用右手勞動,右邊面臨的問題解決起來很輕鬆,如果解決左邊的問題就像讓國人用左手吃飯一樣,這個觀念在我們看來 99%的外國人理解起來是吃力的。所以面對這一部分的地方中國人就顯得緊張,沉重,而西方人則相反。這些觀念無不是以人體重心為參考對象來論述自己提出基面的張力和精神,這樣看來,康氏的觀點並未有逃出中國繪畫「意象」美學的範疇。他的抽象繪畫美學其實跟中國畫裏的太極圖觀念是同構的。

在中國山水畫裏,點、面有雙重美學價值。一方面,點、線、面作為筆墨形式參與畫面的形式結構組合;另一方面,作為內容集中的表現形式,展現了畫家的思想情趣。其點和面的內容相當於太極圖裏的陰陽面和陰陽面裏的魚眼的點。在中國畫山水裏如果沒有「白」面的形態變化,黑面的形象就無所依託。可以說中國山水畫裏把「面」的思維也發展到了極致。

在山水畫裏,面和點、線一樣,一方面可以通過自己的聲音和以自身或二進制的方式自行構成獨立型和複合形參與畫面的形式構成,從而形成了畫面的聲音或叫綜合形的聲音;另一方面以點、線、面思維組成表現思想與基面配合,形成了一個有深度內涵的聯合聲響,體現了道家的「無為」、佛家的

〔註36〕〔俄〕康定斯基:《點、線、面》,李政文、余敏玲譯,重慶:重慶大學出版社,2003 年版,第 109 頁。

〔註37〕〔俄〕康定斯基:《點、線、面》,李政文、余敏玲譯,重慶:重慶大學出版社,2003 年版,第 20 頁。

「空觀」，以及儒、道的「五行觀」。這時候的點、線、面就是一個象意、意象的或悟象的符號內容體驗。老子曰：「虛而不屈，動而愈出。」莊子曰：「維道集虛」。「虛白」集於「道」中，而「道」是有限和無限、混沌和差別的對立統一。天地萬物皆是「有」和「無」、「虛」與「實」的產物。「范寬以《溪山行旅圖》為例，重點從以點造意、以點造型形成面、以面造勢」〔註38〕這種面的結構是中國山水畫「面」的特殊聲音的表現。

第三節　點、線、面在山水畫裏的應用

一、「點張力」在山水畫中的應用

「從外在意義上說，每一個獨立的圖形或圖像形式，都可以成其為一個藝術元素。而從內在意義上說，真正的藝術元素又非這些形式本身，而實行是內在的張力（inner tension），事實上，繪畫作品的真正內涵，並不存在其外在形式上，而在於其內在形式的張力，有內在的張力，作品才能氣韻生動。」〔註39〕見下列圖式分析：

圖 2-12 姜迪迪《無心插柳柳成蔭》用筆墨的點、線構成「張力」，就表現了這樣一個道理，同時這種「張力」也體現了康氏在《點、線、面》一書所提出的「氣韻生動」觀念。

圖 2-12　姜迪迪《無心插柳柳成蔭》

圖 2-12，姜迪迪《無心插柳柳成蔭》：來至國際水墨雙年展。

〔註38〕牛勇：《從范寬〈溪山行旅圖〉看中國畫的意象構成》，《科學‧經濟‧社會》，2011 年第 2 期。

〔註39〕〔俄〕康定斯基：《點、線、面》，李政文、余敏玲譯，重慶：重慶大學出版社，2011 年版，第 25 頁。

　　圖 2-13《荷塘》，以點構成的荷葉不斷重複，使荷葉得到強化，在太陰圖裏形成一個少陽形的圓，強化了人們理想中圓塘的概念。

　　圖 2-14 南宋馬遠的《寒江獨釣圖》，中的人和船形成的點、線，借基面的張力形成強有力的合成音響。

　　圖 2-15《夕照》，畫面上，高亮圓形太陽和似寬扁擔狀的土黃色晚霞，以及兩個大塊面的黑色，形成一組點、線、面的合聲。這幅畫可以說是點、線、面構成的典範，該畫中點（太陽）線（晚霞）的張力是最強的。

圖 2-13　陸春濤《荷塘》

圖 2-13，陸春濤《荷塘》：朱來扣著，《談藝術令野藝術評論集續編》，海書店出版社，2016 年版，第 110 頁。

圖 2-14　南宋馬遠《寒江獨釣圖》　　　圖 2-15　賈又福《夕照》

圖 2-14，南宋馬遠《寒江獨釣圖》：遲軻，胡震編著：《無聲的詩史·人物部分》，武漢：湖北美術出版社，2003 年版，第 77 頁。

圖 2-15，賈又福《夕照》：《賈又福 4 山鄉情懷故土之戀》，北京：榮寶齋出版社，2012 年版，第 143 頁。

二、康氏提出的「線張力」觀念在山水畫中的應用

　　（一）在幾何學意義上的線是看不見的。線是點的運動軌跡，可以說線是由點生法的。線借助運動，破壞點的強烈靜止狀態而產生。由點入線，就是由靜入動，由此觀之，線是圖畫初始元素即點的大對立者。

　　圖 2-16、圖 2-17 李可染《墨山飛瀑圖》，的瀑圖採用積點成線的方式來襯托瀑布的，這種方式在書法裏稱為屋漏痕方式。

圖 2-16　　　　　　　　　　　　　　　圖 2-17
李可染《墨山飛瀑圖》　　　　　　　《墨山飛瀑圖》局部

　　圖 2-16，李可染《墨山飛瀑圖》：《李可染畫集》下，北京：北京工藝美術出版
　　　社，2003 年版，第 311 頁。

　　圖 2-17，《墨山飛瀑圖》局部：《李可染畫集》下，北京：北京工藝美術出版社，
　　　2003 年版，第 311 頁。

　　（二）康定斯基認為：外驅力使點轉換為線同時而外驅力本身又複雜多樣，不同外驅力相結合又產生不同的線。

　　所有的線型均可還原到以下兩種力量：

　　單力作用

　　雙力作用

1. 兩股力交替作用

　　顯然，「第二種作用方式更有生氣，更為熱烈。當同時起作用的力量超過

兩個時，這種強烈的效果就更明顯了」見表 2-4：〔註40〕

表 2-4

基本元素	戲劇性力量	結　　果
點	兩個交替作用的力	角線
	兩個共同作用的力	曲線

　　圖 2-18、圖 2-19 分別是石魯的《花鳥畫》和山水畫的一個局部，作品都採用近似刻刀一樣的筆墨線條表現畫面，增強了畫面的張力，使整個畫面為之「精神抖擻」。

　　　　圖 2-18　石魯《花鳥畫》　　　　圖 2-19　石魯《山水畫》局部

圖 2-18，石魯《花鳥畫》:《中國近現代名家畫集·石魯》，西安：人民美術出版社，1996 年版，第 160 頁。

圖 2-19，石魯《華山松風》:石丹編，《石魯作品》，西安：陝西人民美術出版社，1997 年版，第 10 頁。

　　（三）康定斯基認為「三種角，形成三種不同特效的聲音」見表 2-5：〔註41〕

〔註40〕〔俄〕康定斯基:《點、線、面》，李政文、余敏玲譯，重慶：重慶大學出版社，2011 年版，第 59 頁。

〔註41〕〔俄〕康定斯基:《點、線、面》，李政文、余敏玲譯，重慶：重慶大學出版社，2011 年版，第 64 頁。

表2-5　角聲音分析表

銳角聲音	尖刻而活躍
直角的聲音	冷靜克制
鈍角的聲音	遲拙而消極（消極和平和態度，使它自身不斷退縮，直至深埋在園裏孤芳自賞。

八大山人山水畫二幅：

圖 2-20 仇英山水畫多銳角顯得尖刻而活躍。

圖 2-21 盧延光《仿漸江山居圖》與仇英（圖 2-20）相比，《仿漸江山居圖》一圖就顯得特別冷靜克制。

圖 2-22a、圖 2-22b 八大山人山水畫二幅多鈍角：就呈現出更為「遲拙」「消極」和「孤芳自賞」的情緒。

圖 2-20　盧延光《仿漸江山居圖》　　　圖 2-21　仇英《山水畫》

圖 2-20，盧延光《仿漸江山居圖》：趙蒂嘉主編，《中國水墨・盧延光卷》，北京：北京燕山出版社，2006 年版，第 68 頁。

圖 2-21，仇英《山水畫》：《仇英・桃源仙境圖》，上海：上海書畫出版社，2007 年版，第 1 頁。

圖 2-22a　　　　　　　　　　　圖 2-22b

圖 2-22a，《榮寶齋畫譜：八大山人山水畫集》，北京：榮寶齋畫譜出版社，2000
　　　年版。

圖 2-22b，張馨之著，《八大山人山水畫研究》，北京：文化藝術出版社，2009 年
　　　版，第 161 頁。

（四）線的粗細也會發揮張力

圖 2-23a 趙孟君的《無系列》，作品中的線條，顯然要比圖 2-23b《無系列》
畫中的線更為粗獷和張揚。同樣吳冠中的兩幅作品，圖 2-23c《異化》與圖 2-
23d《無題》和趙孟君兩幅作品，亦有異曲同工之比。

圖 2-23a　趙孟君《無系列》　　　圖 2-23b　趙孟君《無系列》

圖 2-23a，趙孟君《無系列》：來至國際水墨雙年展。

圖 2-23b，趙孟君《無系列》：來至國際水墨雙年展。

圖 2-23c　吳冠中《異化》　　　　圖 2-23d　吳冠中《無題》

圖 2-23c，吳冠中《異化》：《中國近現代名家畫集·吳冠中》，北京：人民美術
　　出版社，1996 年版，第 109 頁。

圖 2-23d，吳冠中《無題》：《中國近現代名家畫集·吳冠中》，北京：人民美術
　　出版社，1996 年版，第 99 頁。

　　1.「水平延伸的冷基面中，如果施加及集中的縱向張力，張力就會顯得極
有「戲劇性」因為水平基面始終在強烈的約束這類張力力，這種對比，如果運
用到極致，甚至能導致難以忍受的痛感」。〔註 42〕

　　圖 2-24 賈又福《太行鐵壁圖》，山水畫以基本形水平延伸的也有冷基面的
寧靜感覺。

圖 2-24　賈又福《太行鐵壁圖》

圖 2-24，賈又福《太行鐵壁圖》：《賈又福中國畫集》，北京：今日中國出版社，
　　1992 年版，第 127 頁。

〔註42〕〔俄〕康定斯基：《點、線、面》，李政文、余敏玲譯，重慶：重慶大學出版社，
　　2011 年版，第 109 頁。

2.「所謂鬆散、是緊密的對立面。越接近基面的頂部，基面內的空間單元就似乎越稀疏；所謂輕盈，則與鬆散有關。基面上的空間單元，相互間飄離，同時有各自重量減輕，支撐能力亦下降。在這個空間中，出現任何加重元素，都顯得很突出；所謂的自由，是一種輕快的運動趨勢。在基面上部，空間的升降對流氣氛很強烈，對運動的限制降到最低。」〔註43〕

中國山水畫家常常利用這種基面張力，來助漲空間突出畫面情趣如圖 2-25《無邊樂事一釣鉤》

借題款來破壞基面的張力，壓縮空間使視覺力量朝畫面的左角引導，並以此來突出主題，明確畫面意象，如圖 2-26 賈又福《似水年華》。

圖 2-25
賈又福《無邊樂事一釣鉤》

圖 2-26
賈又福《似水年華》

圖 2-25，賈又福《無邊樂事一釣鉤》：美院博導賈又福的繪畫─騰訊新聞（qq.com）。

圖 2-26，賈又福《似水年華》：《賈又福 4·山鄉情懷　故土之戀》，北京：榮寶齋出版社，2012 年版，第 148 頁。

3. 基面不可以看做已完成作品的一部分，而應該看做是作品賴以建立的基礎。

借用基面張力，借力使力使空間對比更大，同時中國山水畫「計白當黑」的處理方式，同樣把畫面上部的基面，當成基本形的精神來看待，如圖 2-27 賈又福《暮霞》。

4. 一個圖形形式，在一個空白的基面上或許只是一個點，但如果情況有變，比如說基面上出現了一條細線與點並置，此時點也許就成了面。

〔註43〕〔俄〕康定斯基：《點、線、面》，李政文、余敏玲譯，重慶：重慶大學出版社，2011 年版，第 100 頁。

圖 2-27 賈又福《幕霞》

圖 2-27，賈又福《幕霞》:《賈又福集 2・山鄉牧歌》，成都，四川美術出版社，2008 年版，第 28 頁。

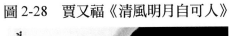

圖 2-28，賈又福《清風明月自可人》:《賈又福 2・苦修厚積・人物・花鳥》，北京：榮寶齋出版社，2012 年版，第 75 頁。

圖 2-29，賈又福《無題》:《賈又福 5・山鄉情懷 田園之詩》，北京：榮寶齋出版社，2012 年版，第 114 頁。

　　點在應用，有時候因圖形對比可能會改變視覺形象。同時，中國山水畫特別重視形的黑白虛實、陰陽對比關係。比如有時候因為使用了對比關係形成處理的圖畫，反而使人感到更有意味，圖2-29《無題》一畫的圓要比圖2-28《清風明月自可人》的圓要大，就是一個鮮明的例子。

　　圖2-29《無題》，一畫的圓要比圖2-28《清風明月自可人》要大，其實兩個圓大小差不多。圖2-28《清風明月自可人》，黑色的天空，白色的水面，把中國哲學「知白守黑」的精神用了進去，同時黑色的天空、灰色的山巒、白色的水面又形成了即對比，又調和的平面二維半視覺形象。

第四節　小　結

　　從中國山水畫語言來看，「線」作為意象形式語言的代表，從深度上看，其表現方式已經發展到了爐火純青的程度，但作為「線」發展的寬度無疑還有很多增長空間；從平面構成語言來看，「線」的寬度更寬泛且有很大的包容性，同時，現代人由於自身修養及外來文化的強勢衝擊，只重視到了「線」的通俗美，對中國山水畫「線」的應用還缺少更為全面的認識，這就給兩個方向的語言提供了互建的空間。

　　從中國山水畫語言看「點」，可以看出「點」的發展和成熟要稍微晚於「線」，但其發展的深度卻不可忽視，在個性上也具有特色；從平面構成語言來看「點」，「點」也不是單單幾何意義上的「點」，「點」是藝術元素的胚胎，具有很強的生命特徵。要使這種生命不斷的成長，它就得吸收母體上的各種精血營養，中國山水畫語言中的「點」又是中國山水畫美學豐厚而又重要的精血營養之一。作為山水畫的「點」，雖然自身發展的體系已相當成熟，但其平面性、概括性、簡潔性、規律性、時代性還是要弱於平面構成裏的「點」，所以，山水畫語言還需吸收平面構成中一些「點」的因素來強身。

　　通過上述的一些分析我們不難看出，中國山水畫裏的「面」語言和某些「點元素」具有強烈的意象特徵，其中一些語言的表現力在某些方面可能要更勝現代平面構成的語言；但從這些袁術的體用上來看，比如其簡概性、明朗性、科幻性、視覺豐富性的構成形式。同時傳統的中國山水畫構成還存在一些侷限，這也給我們的山水畫語言研究提供了發展的空間。從構成角度上看平面構成的語言發展特性，如象徵性、意象性、人文等思想內涵，似乎也會感到

平面設計語言在表現力上與中國山水畫的語言表達，還是存在一定的距離的，
而這種距離也給平面構成研究也提供了發展空間。

第三章 從平面構成基本形看山水畫基本形的組織觀念

第一節 平面構成中的基本形和山水畫的基本形

胡雲斌在《平面構成》一書中對基本單元形的定義是：「基本單元形是平面構成中藉以表達意圖的單元形態，它是表達的主要手段，是構成中最基本的視覺元素。基本形是最基本的形象，形象具有面積、形狀、色彩、大小和肌理的視覺感，但受方向、位置、空間和重心的制約。在構成設計中，點、線、面是構成基本形的元素，同時也可以是基本形。基本形也可以是具象的圖形，他們具備點線面的基本特徵。基本形在構成中由一組相同或相似的元素組成時，有助於設計的內在統一，對構成本身有十分重要的作用。」〔註1〕趙殿澤在《平面構成》一書中對基本單元形的定義是：「基本單元形就是構成圖形的基本單位。一個圓點，一個方塊或一條線段都可以作為基本形，但在構成時不能僅限於這種簡單的基本元素形象。還可以在基本單位內，適當進行設計和變化。在設計中通常採取的是，在基本形的格線內，運用點線面進行分割，也可以分離、接觸、覆疊、透疊、差疊、減缺、聯合、重合等，組成有一定變化的基本形」。基本形構成元素見圖 3-1、圖 3-2、圖 3-3。關於胡雲斌和趙殿澤對平面構成定義的內容：其實這些定義都是當代在做平面構成設計時共同遵守的應用規則，同時也是我們共同理解的平面構成的基本形式。

〔註 1〕胡雲斌：《平面構成》，人民美術出版社，2010 年版。

圖 3-1　平面構成裏的幾何基本形（線）

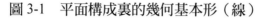

圖 3-1，平面構成裏的幾何基本形（線）。

圖 3-2　平面構成裏的幾何基本形（面）

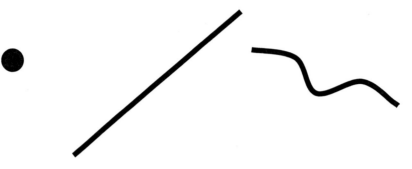

圖 3-2，平面構成裏的幾何基本形（面）：趙殿成，《構成藝術》，瀋陽：遼寧美術出版社，1987 年版。

圖 3-3　平面構成的基本形的形成過程

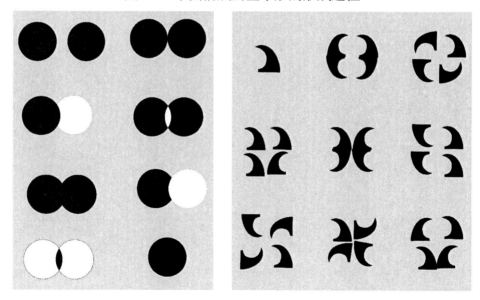

圖 3-3，　平面構成的基本形的形成過程：趙殿成，《構成藝術》，瀋陽：遼寧美術出版社，1987 年版。

　　中國山水畫的基本形結構比較複雜，他不同與西學觀念下的抽象幾何構成，而是基於另一種更為抽象的人文平面構成形式。比如中國山水畫的基本形主要是以筆墨為基礎，以太極八卦二進制思想觀念為核，以五行構成為表，同時以勾、皴、點、染、擦為手段，山、樹、石、雲、水，物的基本形的構成特徵。

　　通過以上相關中、西平面構成概念解釋，我們可以得到一個中國山水畫的平面構成基本形的概念：

　　1. 山水畫的基本形中都由點、線、面等基本元素直接構成，比如說中國山水畫的筆墨形式。（我們已在點線一章給予了闡明）

　　2. 點、線、面的元素被「勾、皴、點、染、擦、留白」等更為主觀的用語來表達。

　　3. 山水畫的基本形還可以用有作用的骨骼形式和無作用骨骼的方法和形式構成。

　　4. 平面構成的分離、接觸、覆疊、透疊、差疊、減缺、聯合、重合等幾種分割方式，也可以用到山水畫的基本形構成上，但山水畫的基本形構成觀念相比平面構成的思想觀念複雜得多。一方面，以筆為獨特單位形成「筆」張力形式，同時這個「筆」又結合「勾、皴、點、染再組織成點、線、面相關聯繫的基本形，是在古典山水畫中常用模式；另一方面它與七墨：濃墨法、淡墨法、破墨法、潑墨法、積墨法、焦墨法、宿墨法+色法結合構成濃淡、乾濕、虛實、黑白、陰陽、色墨等組織構成點、面相關聯繫的基本形，這也是在現代寫意山水畫中常用模式。

　　5. 在中國山水畫裏基本形具有多重身份，比如說：山是山水畫的基本形，在它又是石（這種形在寫意畫裏有時又是純淨的基本形，用一個點、線、面、筆墨的形來代替了，傳統山水畫裏，它是以千筆萬筆通過分離、接觸、覆疊、透疊、差疊、減缺、聯合、重合分割方式，同時結合重複、漸變、發射等複合構成形式，再以點、線、面形成體關係組成山水畫中的基本形結構的），在山水畫裏的石、樹、樹葉也都是基本形，比如樹的樹葉構成是樹的基本形，同時又是樹葉的複合形。樹葉裏圈和點又是樹葉的基本形也是點線面的複合形。山、石也是如此，山也可以是點、線、面直接構成的基本形，同時「點、線、面」也可以排除中間環節直接構成山、石、雲、水的基本形。

　　6. 另外一種是以學問的方式入畫構成的基本形，風水學入畫解決山水畫

基本形和複合形的人文構成方式，這種方式在傳統山水畫裏運用較廣，影響最大，充滿了東方繪畫的人文意象色彩。其形成的構圖形式和留白形式等又都屬於獨立形或複合形的特殊結構範疇。我們將在後面用一個章節來專門講解。

　　7. 筆墨受陰陽和五行、八卦思維的影響形成複雜意象的基本形狀態。

第二節　山水畫基本形的構成特色

一、太極八卦影響下基本形觀

　　《繫辭》曰：「易有太極，是生兩儀，兩儀生三才，三才生四象，四象生八卦」兩儀指一天一地，天為陽地為陰，陰陽而者各異，但互為辯證而存在。陰中有陽，陽中有陰，陰陽交感，共相依存，亦成整體。兩儀生三才，天地產生了人。「兩儀生四象，是陰陽相重，陰陽交合而至，兩陽相重為太陽，兩陰相重為太陰，陽與陰交合為少陰，陰與陽交合為少陽，如此成四象，即象徵四方，也象徵四季」〔註2〕范瑞華根據這個理論推演出中國畫的不平衡中追求平衡的四象關係。〔註3〕（見圖 3-4 太極卦畫陰陽生變圖和圖 3-5、圖 3-6）。

圖 3-4　太極卦畫陰陽生變圖

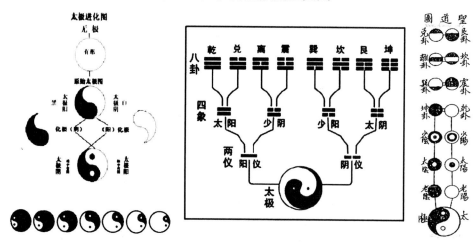

圖 3-4，《太極卦畫陰陽生變圖》：周振甫，《周易譯注》，北京：中華書局，1991
　　　年版。

〔註2〕范瑞華：《中國畫向何處去》，北京：國際文化出版公司，2002 年版，第 18 頁。
〔註3〕范瑞華：《中國畫向何處去》，北京：國際文化出版公司，2002 年版，第 121 頁。

圖 3-5　中國畫向何處去

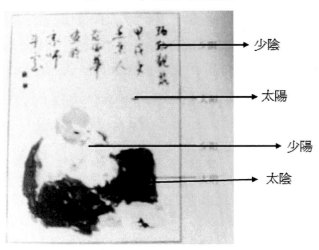

少陰

太陽

少陽

太陰

圖 3-5，《中國畫向何處去》：范瑞華著，《中國畫向何處去對中國畫藝術發展的研究與探討》，北京：國際文化出版公司，2002 年版，第 121 頁。

圖 3-6

少陰

太陽

少陽

太陰

圖 3-6，底圖：黃賓虹《山水畫》。

　　我們也可以根據四象演變圖推演出山水畫裏的陰陽、八卦變化圖來。在《林泉高志》裏郭熙說：「凡經營下筆，必合天地，謂如一尺半幅之上，上留天之位，下留地之位，中間方立意定景。」〔註4〕郭熙的這種山水畫構圖觀念，可以說是一種對山水畫平面構成的結構思考，不過這種構成思考是建立

〔註 4〕〔宋〕郭熙：《林泉高志》，盧輔聖主編：《中國書畫全書》第 1 冊，上海：上海書畫出版社，1993 年版，第 497〜503 頁。

在中國傳統文化「三才」關係的基礎上展開的。換言之是《周易》宇宙生發論的構成思維模式。圖 3-5 為按八卦變化的人物筆墨關係構成處理的畫面。

黃賓虹不但用太極觀念來闡釋中國山水畫，而且他山水畫的太極思維特徵亦是非常鮮明，下面就以他的畫作來進行形象構成說明：

圖 3-6，黃賓虹此畫陰陽關係還可以按伏羲八卦和周公 64 卦再繼續分解下去。這種構成就是中國山水畫的魅力所在，所以中國文化畫家們把這種山水畫法稱之為「筆墨遊戲」，這種說法是非常深刻而有道理的。

（一）卦象筆墨分析結構方式

筆墨可以按太極的二進制結構組合形成千變萬化的基本形，見表 3-1，參看第二章。

表 3-1

筆墨	陰	虛	疏密、動靜、剛柔、長短、鬆緊、大小、濃淡、質華、縱橫、繁簡、生熟、藏露、開合、有無、賓主相對因素無法窮盡
		實	
	陽	黑	
		白	
	基本形		

太極八卦影響下的兩種五色關係：

1.「五色觀」是以孔孟為代表的儒家色彩觀和以老莊為代表的道家色彩觀體現。他是我國古典色彩學理論基礎，是中國色彩科學的一大發明，它對於中華文化的影響深遠。《尚書》裏說：「彩者，青、黃、赤、白、黑也，言施於繪帛也。讀者要瞭解這些理論可以去閱讀彭德先生所著的《中華五色》，2008年由江蘇美術出版社出版。

2. 張彥遠《歷代名畫記》，裏記載：「運墨而五色具。」「五色」說法不一，或指焦、濃、重、淡、清，或指濃、淡、乾、濕、黑，也有加「白」，合稱「六彩」的。

總之中國繪畫中的五色非常豐富，不輸西洋繪畫的色彩系統。

二、五行思想影響下風水入畫形成的基本形組織觀念

平面構成基本型的概念在解構「傳統中國山水畫」〔註5〕時也同樣適用，

〔註 5〕傳統中國畫的概念主要指五四新文化以前的繪畫。

而中國先賢們也早已建立了一套分析山水畫語言思維方法系統。中國山水畫
講究「以大觀小」和「以小觀大」以及「目識心記」的觀念，只有在這種觀念
指導下「觀物取象」才能達到荊浩所說的「思者刪撥大要，凝想形物。景者制
度時因，搜妙創真」的山水畫創作目的，山水畫創作主體對客觀山水進行構成
思維的把握方法。這種宏觀的構成思維並未拋棄微觀的筆墨程序結體，這種構
成思維把微觀的筆墨程序的結體方式用書法筆墨結構語言（以書入畫的概念）
全權代替了，同時我們應當指出：這種微觀的筆墨結構是不完善（特別是墨的
結構我們在近代山水畫的發展上可以看到），但這種微觀的筆墨語言研究是很
有趣的，在山水畫筆墨語言得到高度發展時，書畫家們又用山水畫的筆墨語言
反育書法。王鐸用濃、淡輕、清的筆墨層次來發展米芾的書法就是一個例證。
（這種構成方式就是我們在第 1 節裏闡述的用分離、接觸、覆疊、透疊、差
疊、減缺、聯合、重合組合成土石的皴法、樹、葉、雲、水、點景的形，是古
代人常用的方式，也是當代人常用的方式。）見表 3-2：

表 3-2

分離、接觸、覆疊、透疊、差疊、減缺、聯合、重合
各種土，石的皴法，樹葉、雲水和點景物象的描法、點法。

　　所以說，傳統的山水畫結構裏的基本形構成形式至少有三種形式或者更
多：一種是風水學的構成形式建構出來的基本形，一種是書法入畫構成的基本
形，另一種就是留白的結構形式。中國山水畫對基本形的建設思想也源遠流
長，其思想遠可追溯到《周易》「卦畫同源」、「書畫同源」的遠古時代，其基
本形體系的完善也可以追溯到陰陽五行的建立和發展時期，風水學入畫的山
水畫構成形式的成熟，至少可以追溯到兩宋時期。風水學入畫是對自然山水生
活認識的幾何抽象總結，在山水畫裏，風水學入畫可以說中國山水畫平面構成
的先聲，這種中國山水畫平面構成系統的形成至少要比包豪斯建立的現代平
面構成體系早 1000 多年。唐宋風水學入畫是中國山水畫「外師造化，中得心
源」的第一次系統化構成意識的體現；古代風水學家堪地，「尋龍捉脈」往往
要跨縣越州數百公里到生活的真山真水中去找尋龍察穴，對穴的確認也要對
鳳毛麟角之處進行一一察詳。

　　據張馳《製圖與繪畫》一文研究，繪畫在一個時期擔當著地圖製圖、建築
製圖的功能。劉宋時期王微《敘畫》中說：「夫言繪畫者，竟求容勢而已。且

古人之作畫也，非以案城域、辨方州、標鎮阜、劃浸流。」[註6]這裡王微認為，山水畫創作要和畫軍事地圖區別看來，在王微看來山水畫需要有人文情懷。唐宋的風水學構成入畫為中國畫的人文精神增加了力量。

　　風水「五姓圖宅」理論在唐末發生危機（由於佛學的滲透、學者的責難、儒家的批判）。危機發生後，堪輿家作出了兩種選擇，一種走改革之路，……便形成了風水「形法理論」，即「巒頭之法」，以此為主的風水派別則被稱作形勢派，又名巒體派或三才派。諸如「龍、砂、穴、水」等地形地貌特徵的形象化俱是唐宋以後風水家所為。這種地形地貌的形象化和具體化，較大地影響了當時山水畫創作。[註7]風水師還把山態的圓、直、曲、銳、方，取類比附為金、木、水、火、土五行，名之曰「五星形體」，認為五種山形若按五行相生排列即「生龍」氣。唐代卜應天《雪心賦》卷1中云：「詳察五星之變化」，[註8]唐宋繪畫正是源於這樣的風水學原理，建構起來的山水畫基本構成觀念。這種「觀物取象」意識對促進中國山水畫的成熟起著重要的作用，同時這種意識也為元代書齋山水的發展提供了依據。

　　王貴勝在《山水畫構成圖式與風水理論》中說：「一文裏開篇就下結論說

〔註6〕陳傳席：《中國山水畫史》，天津：天津人民美術出版社，2001年版，第13頁。

〔註7〕風水「五姓圖宅」理論在唐末發生危機（由於佛學的滲透、學者的責難、儒家的批判，危機發生後，堪輿家作出了兩種選擇，一種走改革之路……便形成了風水「形法理論」即「巒頭之法」以此為主的風水派別則被稱作形勢派！又名巒體派或三才派），以楊筠松為代表，起源於江西，重點在於地貌的考察，以及「理氣派」！以王直為代表，起源於福建，注重羅盤的概念和使用，流行於民間，從此形勢派大行其道，特別是在文人士大夫中間產生了普遍的影響。形法派對於地表地熱地物地氣土壤和方向的重視，使得人們對山水的認識和瞭解得到了深入，諸如「龍、砂、穴、水」等地形地貌特徵的形象化俱是唐宋以後風水家所為。這種地形地貌的形象化和具體化，大大影響了當時山水畫創作以及畫論。山水畫在唐末五代發生了質的飛躍，應該說，和風水術此時的轉型，是大有關係的。（陳雲飛：《由五代宋初山水畫論看風水學對山水畫成熟的影響》，《東南文化》，2005年第1期）

〔註8〕風水師還把山態的圓、直、曲、銳、方，取類比附為金、木、水、火、土等五行，名之曰「五星形體」，認為五種山形若按五行相生排列即是「生龍」氣唐代卜應天《雪心賦》卷1中云：「詳察五星之變化。」這裡的「五星」即指「五星形體」。另外，尚有「陰龍」、「陽龍」、「陰陽水」、「五家五行」等等，足見陰陽五行是風水術的理論內核。尤其是起源於兩漢，盛行於隋唐之際的「五姓相宅」學說。是這一時期的堪輿文化的主導理論，陰陽五行學說在其中的應用發揮更是淋漓盡致。（《陰陽五行與隋唐術數研究》，王逸之，陝西師範大學碩士論文，2012年，第50頁）

『中國風水理論從秦漢開始發端，歷經魏晉南北朝初步形成完整的理論體系，到唐宋成熟。在長期的歷史發展過程中，形成了兩大流派：形勢宗和理氣宗。』還認為：『在中國山水畫史中，較早將風水理論的方法和原理大量融入山水畫論的是北宋的郭熙。』」〔註9〕透過上面的引文我們可以看出，在晉時期萌芽狀態的山水畫主要是向地圖一樣標識的符號，並沒有對山水畫形成真正的結構成模式，山水畫是在唐代走向成熟階段的。風水在唐代開始復興並形成了三大派，〔註10〕形法派對於地表地熱地物地氣土壤和方向的重視，使得人們對山水的認識和瞭解得到了深入，諸如「龍、砂、穴、水」和金、木、水、火、土的五行這種以地形地貌為主體並對其形象化和具體化的研究，大大影響了當時山水畫創作形式。我們通過以上描述可以看到山水畫結構的兩個基本構成體系：一個是形法派龍、砂、穴、水構成體系，另一個是形巒學說的五星構成體系。

（一）龍、砂、穴、水說

1. 龍

　　〔清〕王原祁《雨窗漫筆》中說：「畫中龍脈開合起伏，古法未備，未經標出……龍脈為畫中氣勢，源頭育斜有正，有渾有碎，有斷有續，有隱有現，謂之體也。……使龍之斜正渾碎、隱現斷續。活潑潑地於其中，方為真畫」。〔註11〕

　　〔清〕唐岱《繪事發微》「使主山來龍起伏有環抱，客山朝揖相隨，陰陽向背……主峰之脅，傍起者為分龍之脈，右聳者左舒……

〔註 9〕王貴勝：《山水畫構成圖式與風水理論》，《美術研究》，2003 年第 3 期。

〔註10〕風水「五行圖宅」理論在唐末發生危機（由於佛學的滲透、學者的責難、儒家的批判，危機發生後，堪輿家作出了兩種選擇，一種走改革之路，徹底拋棄方位本身既有吉凶的信條，因地制宜圖形選擇，觀察來龍去脈，追求優美意境，特別看重分析地表地熱地物地氣土壤和方向盡可能使宅基位於山靈水秀之處，結果逐漸演化發展，便形成了風水「形法理論」即「巒頭之法」以此為主的風水派別則被稱作形勢派！又名巒體派或三才派），以楊筠松為代表，起源於江西，重點在於地貌的考察，以及「理氣派」！以王直為代表，起源於福建，注重羅盤的概念和使用，流行於民間，從此形勢派大行其道，特別是在文人士大夫中間產生了普遍的影響。形法派對於地表地熱地物地氣土壤和方向的重視，使得人們對山水的認識和瞭解得到了深入，諸如「龍、砂、穴、水」等地形地貌特徵的形象化俱是唐宋以後風水家所為。

〔註11〕〔清〕王原祁：《雨窗漫談》，盧輔聖主編：《中國書畫全書》第 8 冊，上海：上海書畫出版社，1999 年版，第 710 頁。

兩山相交處，可出流泉。」〔註12〕

《畫筌》說看山水畫畫「分五行而辨體，峰勢同形，諧於地理」。〔註13〕
掌握風水中的關鍵在「尋龍、觀水、察砂、點穴」上下工夫。

如何尋找風水寶地關鍵在於尋龍，龍脈是精氣凝結的精華，變化多端。尋
龍的關鍵又在於體察形勢，關於形勢勘察《管氏地理指蒙》指出：「遠為勢，近
為形；勢言其大者，形言其小者」，「勢居乎粗，形在乎細」，「勢可遠觀，形可
近察」，「千尺為勢，百尺為形。」〔註14〕《管氏地理指蒙》把形勢歸類到遠近、
大小、粗細等對立統一的法則加以把握。〔清〕王原祁《雨窗漫筆》中說：「畫中
龍脈開合起伏，古法未備，未經標出……龍脈為畫中氣勢，源頭育斜有正，有
渾有碎，有斷有續，有隱有現，謂之體也。……使龍之斜正渾碎、隱現斷續。活
潑潑地於其中，方為真畫」。〔註15〕從這些討論可看出，龍脈不但是中國山水畫
的主要構成特徵，而且中國山水畫中這種龍脈構成，也體現了中國山水畫實踐
的重要意象特徵與傳統文化的關係。這種書畫關係的探討從王原祁《雨窗漫筆
的「畫中龍脈開合起伏，古法未備。」的抱怨中，可以看出，龍脈在中國山水畫
的構成形式不但很重要，而且在明末清初還在繼續完善中。龍脈入畫不但體現了
「天人一體」的審美特徵。同時還要求畫家務必要到真山真水中去體驗勘察，
山水地理構成。其中從王原祁的論點可以看出，龍脈入畫一類的風水學構成入
畫，在清代一直在發展和補充，同時龍脈入畫還體現了濃烈的禮教關係。

2. 穴

郭熙《林泉高致》中說：「店舍依溪不依水沖，依溪以近水，不
依水沖以為害，或有依水沖者，水雖沖之必無水害處也。村落依陸
不依山，依陸以便耕，不依山以為耕遠。或有依山者，山之間必有
可耕處」，〔註16〕

〔註12〕〔清〕唐岱：《繪事發微》，盧輔聖主編：《中國書畫全書》第8冊，上海：上
海書畫出版社，1994年版，第888頁。

〔註13〕〔清〕《畫筌》，《中國書畫全書》第8冊，上海：上海書畫出版社，1994年版，
第692頁。

〔註14〕〔晉〕郭璞：《葬經·內篇》，清光緒三年，湖北崇文書局刻崇文書局刻本，1877
年。

〔註15〕〔清〕王原祁：《雨窗漫談》，盧輔聖主編：《中國書畫全書》第8冊，上海：
上海書畫出版社，1999年版，第710頁。

〔註16〕〔宋〕郭熙：《林泉高志》，盧輔聖主編：《中國書畫全書》第1冊，上海：上
海書畫出版社，1993年版，第501頁。

〔清〕唐岱《繪事發微》中認為：「村墟煙火，宜在藏風聚氣之所。孤亭草閣，水涯岩邊參差問出」。〔註17〕

「穴」在中國文化語境的詞意非常豐富，有岩洞、動物巢穴、墓穴、穴位、穴道等說法。在風水學裏主要是依據「天人關係」建構起來的邏輯，主要指女人涵養胎兒的子宮的胎息部位。道教把洞天福地認為是上天賜予的最佳修行場所，而且有神靈掌管。道教不但對陽宅的選擇很看重，而且對陰宅的選址也極為苛刻。郭璞認為「夫千里來龍，五足人手，才差一指，盡廢前功」。〔註18〕意思是龍穴的取位盡在精微之處，差之毫釐失之千里。笪重光《畫筌》直言「仙宮梵剎，協其龍沙；村舍茅堂，宜其風水。」〔註19〕他認為仙宮、梵剎、茅舍的堂屋必須要安放在龍穴之上。在道教風水學中點穴觀念的講究很多，還把風水的穴與人身體的穴位作比附，他們把好的穴位比作胎息。笪氏也借用這個道理來詮釋畫：「平疇透迤，石為膝趾。山脊以石為領脈之綱，山腰以樹作藏身之幄。」這一點笪重光說得非常清楚，意思為蜿蜒曲折，曲折綿延貌的山脈，砂石就像膝和腳趾。山脊以石顯現脈絡，山腰要作樹，以作為藏穴之用。

〔宋〕郭熙《林泉高致》認為：「大山堂堂，為眾山之主，所以分布以次岡阜林壑，為遠近大小之宗主也。其象若大君赫然當陽，而百辟奔走朝會……主峰已定，方作以次近者、遠者、小者、大者。以其一境之主於此，故曰主峰，如君臣上下也」〔註20〕

〔宋〕韓拙《山水純全集·論山》云：「山者有主客尊卑之序，陰陽逆順之儀。……主者，乃眾山中高而大者是也。有雄氣而敦厚，旁有輔峰聚圍者嶽也。大者尊也，小者卑也。大小岡阜朝接於主者順也。不如此者逆也。客者其山不相干而過也」〔註21〕

道教風水學對砂的形勢也非常講究，常常用五行觀星法、九星法、二十八

〔註17〕〔清〕唐岱：《繪事發微》，盧輔聖主編：《中國書畫全書》第8冊，上海：上海書畫出版社，1994年版，第888頁。
〔註18〕〔晉〕郭璞：《葬經·內篇》，清光緒三年，湖北崇文書局刻崇文書局刻本，1877年。
〔註19〕《畫筌》，《中國書畫全書》第8冊，上海：上海書畫出版社，1994年版，第693頁。
〔註20〕〔宋〕郭熙：《林泉高志》，盧輔聖主編：《中國書畫全書》第1冊，上海：上海書畫出版社，1993年版，第498頁。
〔註21〕〔宋〕韓拙：《山水純全集》，盧輔聖主編：《中國書畫全書》第2冊，上海：上海書畫出版社，1999年版，第354頁。

星宿法來詮釋砂的風水觀念，風水學認為好龍亦有好砂相護持，不然就很不完美。民間盛傳：「朱元璋建都金陵時對風水極為重視，城外大部分的山都是面向城內，有朝拱之勢，唯牛首山和花山背對城垣。朱元璋便不悅，派人將牛首山痛打一百棍，又在牛鼻處鑿洞用鐵索穿過，使牛首山山勢轉變風水向內，同時在花山上大肆伐木，使山禿黃。」〔註22〕《畫筌》中笪重光用了很多砂觀念來詮釋畫理，《畫筌》說：「石壁巑岏，一帶傾欹而倚盼」，石壁險峻傾斜之狀要有支撐的樣子，強調顧盼有情之狀。這正是風水學權衡形勢，把握人情的關照方式。又說「樹排蹤以衛峽，石頹臥以障虛。」〔註23〕他認為要用樹來護衛山峽，頹石要置於屏障的虛處。同時直言「眾沙交會，借叢樹以為深」砂石集中的地方，要借樹木來遮蔽。這些都是風水學中「喝形取象」的做法。在中國山水畫論中總結，「砂」形勢構成入畫的理論很多。

3. 水

〔元〕黃公望《寫山水訣》「水出高源，自上而下，切不可斷脈，要取活流之源」〔註24〕

〔明〕唐志契《繪事微言》「一幅之中，水口不可少，須要峽中流出，有旋環直捷之勢，點滴具動，乃為活水。……然既有水口，必有源頭，源頭藏於數千丈之上，從石縫中隱見，或有萬丈未可知」。〔註25〕

〔清〕笪重光《畫筌》「作山先求入路，出水預定來源。擇水通橋，取境設路。分五行而辨體，峰勢同形，諳於地理」〔註26〕

風水中「水」也很關鍵，郭璞《葬經》說：「原其遠勢之來，察其近形之止，形勢既順，則山水貴合，是為全氣之地。」〔註27〕意思是水與山，貴在

〔註22〕黃儒經：《圖解實用商鋪風水宅運新案之一》，百花洲文藝出版社，2008 年版，第 7 頁。

〔註23〕〔清〕笪重光：《畫筌》，《中國書畫全書》第 8 冊，上海：上海書畫出版社，1994 年版，第 692 頁。

〔註24〕〔元〕黃公望：《寫山水決》，盧輔聖主編：《中國書畫全書》第 2 冊，上海：上海書畫出版社，1999 年版，第 762 頁。

〔註25〕〔清〕唐志契：《繪事微言》，盧輔聖主編：《中國書畫全書》第 4 冊，上海：上海書畫出版社，1992 年版，第 762 頁。

〔註26〕〔清〕笪重光：《畫筌》，盧輔聖主編：《中國書畫全書》第 8 冊，上海：上海書畫出版社，1994 年版，第 692～696 頁。

〔註27〕〔晉〕郭璞：《葬經·內篇》，清光緒三年，湖北崇文書局刻崇文書局刻本。

合氣，合氣才是全美之地。在道家和道教思想裏水有著上等的品質。水質的好壞影響著道士修煉成仙的機率。在道教看來水是生命的一部分。《太平經》說：「穿地皆下得水，水乃地之血脈也。今穿子身，得其血脈，寧疾不邪？」〔註28〕《黃帝宅經》還用人身體、皮肉、毛髮、衣服、門戶等與山水加以比象。宅經曰：「以形勢為身體，以泉水為血脈，以土地為皮肉，以草木為毛髮，以舍屋為衣服，以門戶為冠帶，若得如斯，是事嚴雅，乃為上吉」。〔註29〕郭熙的《林泉高致》也有同樣的認識，《林泉高致》說：「山以水為血脈，以草木為毛髮，以煙雲為神采。故山得水而活，得草木而華，得煙雲而秀媚。」〔註30〕《畫筌》也認同這種提法：「山從斷處而雲氣生，山到交時而水口出。山脈之通，按其水徑；水道之達，理其山形。」〔註31〕此話就是要求學畫人要用心體察山道和水道。惲南田害怕後生不解，作注說：「水道乃山之血脈貫通處，水道不清，則通幅滯塞。所當刻意研求者」〔註32〕，可見觀水之道的重要性。

「尋龍」為四大要素的首要因素。龍脈，即山脈，包括山脈的走向和起伏，關於「龍脈」，有「來龍去脈」、「尋龍捉脈」之說。穴，主要來自人體脈絡穴圖3-8《風水學裏的「四靈」形象》〔註33〕位的比擬，「穴者，山水相交，陰陽融凝，情之所鍾處也」，為龍脈止聚、砂山纏護、水流縈回，和陰沖陽、水深土厚、茂林鬱草的地方。「砂」者，泛指穴之環衛諸山，反映山之群體關係，隸屬來龍之山。在風水格局中，砂乃統指前後左右環抱主山的群山，與主山呈主從關係。觀水實際是考察自然人、水自然關係。首先辨水要觀水口，要求入口開闊，以接納水帶來的生氣，出口稱地戶，要求地勢緊閉，不使生氣外瀉，見圖3-7《龍、砂、水、穴圖》分析圖。見圖3-9，《風水學裏的「四靈」

〔註28〕《太平經》卷四五，《起土出書訣》第六十一，《道藏》第 24 冊，第 409～410 頁。

〔註29〕傅洪光：《中國風水史 一個文化現象的歷史研究》，九州出版社，2013 年版，第 177 頁。

〔註30〕〔宋〕郭熙：《林泉高致》，《中國書畫全書》第 1 冊，上海：上海書畫出版社，1994 年版，第 499 頁。

〔註31〕〔清〕笪重光：《畫筌》，盧輔聖主編：《中國書畫全書》第 8 冊，上海：上海書畫出版社，1994 年版，第 692 頁。

〔註32〕〔清〕笪重光：《畫筌》，盧輔聖主編：《中國書畫全書》第 8 冊，上海：上海書畫出版社，1994 年版，第 692 頁。

〔註33〕陳雲飛：《風水學裏的「四靈」形象》，《論風水對山水畫論的影響》，南京：南京藝術學院碩士畢業論文，2004 年，第 18 頁。

形象》。我們從以上的古代畫論中瞭解可以看出中國山水畫家從宋初到清明都
對風水學中的龍、砂、穴、水入畫進行了深入的理論和實踐研究。可以看出古
人對風水學的重視不亞於詩、書、印入畫的地位。

圖 3-7 《龍、砂、水、穴圖》　　　圖 3-8 《風水學裏的「四靈」形象》

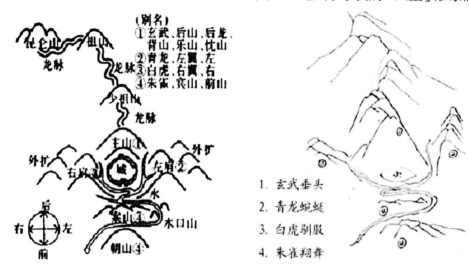

圖 3-7，《龍、砂、水、穴圖》：陳雲飛，《論風水學對山水畫論的影響》，南京：
　　　　2004 年南京藝術學院碩士畢業論文。

圖 3-8，《風水學裏的「四靈」形象》：陳雲飛，《風水學裏的「四靈」形象》，《論
　　　　風水學對山水畫論的影響》，南京：2004 年南京藝術學院碩士畢業論
　　　　文。

三、五行影響下的五星基本形

　　關於五行的說法最早見於《尚書·洪範》記錄：一曰水，二曰火，三曰木，
四曰金，五曰土。關於五行體系，李約瑟在他的《中國科學文明史》裏論證說
五行是在戰國時期自然學派鄒衍創立的。漢代結合星象之變、災異，於是舉
凡政治人事、自然現象都以陰陽五行說來解釋。陳雲飛在《由五代宋初山水
畫論看風水學對山水畫成熟的影響》裏說：「五代宋初山水畫的成熟，是與風
水學在唐末五代的轉型有著相當的聯繫的……同時，早期風水術中又包含了
大量的讖緯迷信，與五行生剋、干支等學說發生了緊密的聯繫，將其中相生相
剋、吉凶禍福的觀念吸收進來。」〔註34〕從陳雲飛的考證可以看出，中國山水

〔註34〕眾所周知，山水畫在五代宋初發生變革，產生了系列百代標程的大家，不僅於
　　　　技法上已臻成熟，同時，山水畫躍於畫壇之首，並於其後多年中，一直居於畫

畫已經在唐末就將風水學裏的五行觀念引入到山水畫構成中來。特別是五星說，五星是繼承五行思想發展來的風水學觀點，是一種理論概括和分類方法。風水家們不管山體多變性和複雜性，由於對「巒頭」的相度，可以在尋找龍脈中找到準確的地位，所以在風水中有「形法理論」又有「形勢派」、「巒頭之法」的諸派學說。在「五星」的基礎上，風水學又衍出「九星」之說。「九星」是指的是：貪狼、巨門、祿存、文曲、廉貞、武曲、破軍、左輔、右弼九種星體。（見圖 3-9a 五星基本形；見圖 3-9b 五星變九星基本形）

圖 3-9a　五星基本形

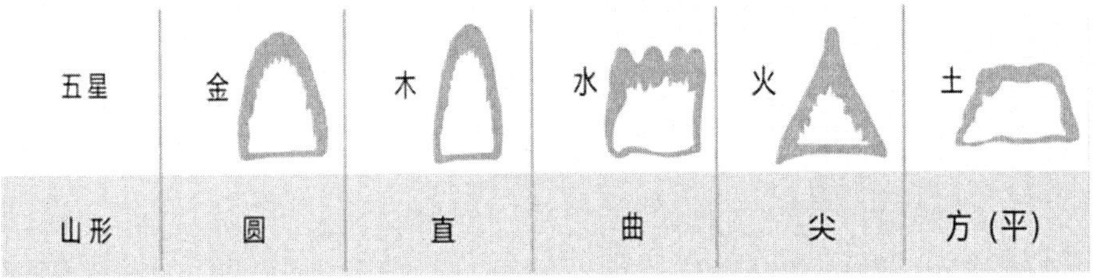

圖 3-9a，五星基本形：參見不過午，《龍穴全書》，新疆：新疆人民出版社，2005年版。

圖 3-9b　五星變九星基本形

圖 3-9b，五星變九星基本形：參見不過午，《龍穴全書》，新疆：新疆人民出版社，2005 年版。

壇主流地位。關於山水畫在五代宋初的激變，學人多有探究，於社會背景、政治經濟狀況、藝術技巧自身的積累和發展等多角度對這個問題進行了闡發。而其中，筆者認為，五代宋初山水畫的成熟，是與風水學在唐末五代的轉型有著相當的聯繫的」。「最初風水學是在人們擇居過程中尋求自然的庇護，趨利避害而形成的對自然山川景觀的選擇。對於山川地形地貌，如審其土地之宜、草木之饒，水泉之味等等，多有考察，從而獲得合理的生存條件。同時，早期風水術中又包含了大量的讖緯迷信，與五行生剋、干支等學說發生了緊密的聯繫，將其中相生相剋、吉凶禍福的觀念吸收進來。」陳雲飛：《由五代宋初山水畫論看風水學對山水畫成熟的影響》，《東南文化》，2005 年第 1 期。

　　九星在《龍山九星歌》描述為：貪狼原是筍初生，巨門走馬屏風列。曲排牙似柳枝，惟有祿存豬屎節。廉貞梳齒持破衣，武曲饅頭甘邊辭。破軍破傘百般洞，輔弼雌雄如滿具。九星雖然名稱複雜，但其形體雖千變萬化都不離風水學裏的五星基本形。我們在九星中幾乎都能找到與五星對應的關係，如：貪狼與木星；巨門與土星；祿存與土星；文曲與水星；右弼與水星；廉貞與火星；武曲與金星；破軍與金星；左輔與金星等。「五星說」與「九星說」相比較，九星說分類比較細化，但都還是抽象的基本形態。至於現實中的山體，則要複雜得多。所以風水學家又通過九九八十一演變的推演，這些基本形又變得更佳複雜化。

　　我們從五行到五星的金、木、水、火土五星在山水畫中的理論形成上可以看出，雖然五星（形）沒有龍、砂、穴、水入畫的地位那麼高，但是五星和九星作為龍、砂、穴、水的基本型存在是很清楚的。

四、山水畫裏基本形的特殊形式——留白

　　「留白」的說法出自書法「計白當黑」的觀念，指書法中字的結體，其思想可以追溯到太極思想陰陽觀，其後被繪畫所借用。繪畫上的「留白」，指畫中沒有筆墨的空白處，有叫「留白」的也有叫「布白」的。中國畫講究的「留白」是「有畫」、「無畫」互相聯繫對立統一而不可分割的一種構成方式。畫中之白雖為紙素之白用康定斯基的理解就是基面的本色，「留白」在畫中就具有了構成畫面的形象，並表現為有一定繪畫意境之用。所以正是因為宣紙的無才成就了以後的「無」中生「有」之道，也體現了道家的「無為」觀念。宣紙和墨，如太極圖像中的黑與白反轉圖，它們黑白互為存在。《老子》講：「知其白，守其黑」就是這個道理。中國歷代山水畫家都重視「留白」，在古代畫中關於留白的理論總結很多：

> 〔清〕華琳《南宗抉秘》：「於通幅之留空白處，尤當審慎。有勢當寬闊者，窄狹之，則氣促而拘。有勢當窄狹者，寬闊之，則氣解而散，毋使通體空白，毋迫促，毋散漫，毋過零星，毋過寂寥，毋重複排牙，則通體空白，亦即通體之就脈矣」。〔註35〕

> 　清代畫家肯繪畫理論家笪重光認為：「空本難圖，實景清而實景現。」神無可繪，真景逼而神景生。位置相，有畫處多屬贅疣虛實

〔註35〕〔清〕華琳：《南宗抉秘》，盧輔聖主編：《中國書畫全書》第 11 冊，上海：上海書畫出版社，1994 年版，第 789～790 頁。

相生，無畫處皆成妙境。〔註36〕

〔清〕惲格《南田畫跋》：「古人用心，在無筆墨處」。〔註37〕

〔清〕張式《畫潭》：「三尺紙畫一尺畫，餘紙雖無畫，卻有畫
在，如三尺紙摺就一尺畫之，拽直審視，則此外皆餘紙，不在畫內，
縱使應筆在畫，即分合如宜，關鎖合法，氣機必不完固，經營章法
之極矣」。〔註38〕

從以上畫論經典對留白的闡述可以看出，中國山水畫裏的留白是一種獨
特的藝術語言，它以筆墨程序為載體，他是山水畫中一中獨立形和複合形的綜
合構成方式。「留白」不單單是布置虛實、取捨和對比，表現真實景象物質形
式。空白從間架結構上看，「留白」起到建構畫面或豐富畫面結構之用，「空白」
通過對「點、線、面」的分割轉換，使畫面上的圖式構成更為和諧、生動。總
體而言，中國山水畫中的留白具有如下特徵：

（一）白是畫也是畫中的基本形，還可以是一種特殊的獨立形

「留白」可以是基本形和基本元素的內容，同時它也可以是一個組合形的
物象。它還具有特別的張力，是中國山水畫表現氣韻生動的主要表現手段和方
法之一。張式《畫潭》云：「煙雲渲染，為畫中流行之氣，故曰空白非白紙。
空白即畫也」也是說的這個意思。

（二）留白的內容具有虛擬性

虛擬性主要是指物質存在的形態處於虛擬狀，但它又以知識、信息、聲
音、圖像、文字等作為自己的依存方式。它是一種場的存在，沒有固定的形
態。中國畫山水的虛擬性方式之一「留白」就是以無形的虛擬來表現畫家的
主觀知識、信息、聲音、圖像、文一種生命意識形態表達。

（三）白是氣機所在

黑、白在中國山水畫中傳達太極圖裏的「陰陽」「虛實」宇宙生成觀和宇
宙的精、神、氣的體現。在中國畫山水畫裏，「白」是「氣口」和「氣門」，如

〔註36〕〔清〕笪重光：《畫筌》，盧輔聖主編：《中國書畫全書》第 8 冊，上海：上海
　　　書畫出版社，1994 年版，第 692～696 頁。

〔註37〕〔清〕惲壽平：《南田畫拔》，盧輔聖主編，《中國書畫全書》第 7 冊，上海：
　　　上海書畫出版社，1999 年版，第 975～987 頁。

〔註38〕〔清〕張式：《畫潭》，俞劍華：《中國歷代畫論大觀第 7 編・清代畫論2》，南
　　　京：江蘇美術出版社，2017 年版，第 112 頁。

果沒有對「白」的認識，畫就不可能氣韻生動；但到處都是「白」又造成畫面氣軟無力，畫面虛弱一片，這樣的畫也不可能會氣韻生動；所以，對氣口、氣門的安排體現了即定的思維性。「不留」與「留」是辯證統一的繪畫哲學實踐，「留」是思維能動的反映，「不留」也是大腦思維能動的哲學反映，「空白」處理在山水畫中是獨特的空間意境表現。「空白」處是靈機所在，妙境產生之地。「空白」之妙在於它的深邃內涵有一定的模糊性因素，使構成「空白意境」的空間有著無限的張力和廣延性，從而給人們無限想像的思維審美空間。

（四）留白是多樣思維集中的表現形式

1.「白」是中國畫的一種色彩，「白」在中國五色中的一種原色。

2.「白」體現了道家的「無」「有」哲學思想，比如《道德經》所言：「計白當黑」、「知黑守白」之理，山水畫的「留白」就是這一思想的表現形式（見第二章圖 2-13 陸春濤《荷塘》圖 2-25 賈又福《無邊樂事一釣鉤》）。

3.「留白」是中國山水畫裏的一種形式美。

「留白」成為山水的特殊形式，它以意象觀念為表現方式，以一勝多方式就體現了山水畫形態的這種「留白」思維美和現實美。見第二章圖 2-12《穀場兒戲》借「白」為地，地上很多複雜的類容都統一於「白」的意境。

4.「留白」的多樣性。在山水畫裏，它可以是雲、氣、山、石、光、水等形式，還可以是作者的一個觀念和抽象的符號（見第二章圖 2-28 賈又福作品《清風明白可人》）。

5.「留白」體現了繪畫主題的綜合：他體現了繪畫主體對繪畫主題的理解，他與繪畫創作主體自身心理素質和政治文化修養聯繫緊密。見第二章圖 2-12《太行深處》用大面積的白來突出主題，表達了作者對太行深處牧民自由生活的理解。

綜上所述，留白是中國繪畫的一種特殊構成形式，是山水畫構成的一種獨特方式，是畫家作為繪畫創作主體對畫面的能動反映，也是畫家對「面」深入體認的一種表達形式。它同樣也是畫家以抽象的形式來傳達時間和空間的感知，是意象和實踐經驗的反映結果。比如《畫筌》說：「仰眎苕嶢，訝躋攀之無路；俯觀叢邃，喜尋覽之多途。無猿鶴而恍聞其聲，有淵瀨而莫睹其跡。」〔註39〕他舉例說：表現山高看起來好像無路的樣子，仔細端倪而又彷

〔註39〕〔清〕笪重光：《畫筌》，盧輔聖主編：《中國書畫全書》第 8 冊，上海：上海書畫出版社，1994 年版，第 694 頁。

彿有路可尋。沒有猿、鶴的形象要表現出有的意象，有激流要通過含蓄意象表達出來。這些意象幾乎都要用中國道家哲學的「無為」觀念和佛家哲學的何空性觀念才能表達出來，其實這兩種關係表現出來的形式多為空白的形式。

第三節　基本形觀念在山水畫中的應用與實踐

一、風水學中的龍脈

　　圖 3-10 郭熙《早春圖》和圖 3-12 王蒙的《青卞隱居圖》都採用了龍脈的構圖形式（見風水圖龍脈圖 3-11）。郭熙的龍尾出來後還有幾個閃身的構成，風水學裏講出龍不閃就帶殺，就是一條死龍毫無生氣可言。而且龍尾都要採用廉貞星（水星，又叫文曲）的出龍方式，風水學裏認為「祖山無有廉（在風水學裏廉山又作清廉和文曲用）作主兒孫做官不長久」，這種山水思想構成，可見是風水學入畫的重要構成部分，是在中國山水畫的重要禮儀特徵。

圖 3-10　郭熙　　　　圖 3-11　不過午　　　　圖 3-12　王蒙的
《早春圖》　　　　　《龍脈圖》　　　　　　《青卞隱居圖》

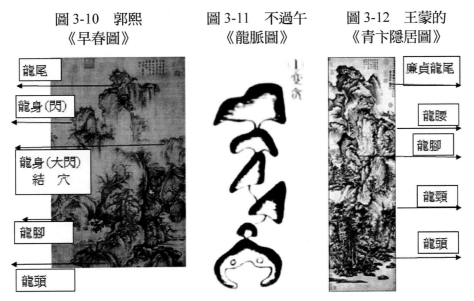

圖 3-10，示意圖：底圖，參見郭熙《早春圖》，石守謙著，《山鳴谷應》，上海：
　　　　上海書畫出版社，2019 年版，第 41 頁。

圖 3-11，龍脈：不過午《龍脈圖》，不過午，《龍穴全書》，新疆：新疆人民出版
　　　　社，2005 年版。

圖 3-12，示意圖：底圖，參見王蒙《青卞隱居圖》，啟功主編，《中國歷代繪畫
　　　　精品山水卷‧墨海瑰寶》，濟南：山東美術出版社，2003 年版，第 238
　　　　頁。

（一）風水學中的穴山

圖 3-13 李唐《萬壑松風》、圖 3-14 黃秋園《山水畫》都採用的是穴山形（見風水穴山圖 3-15）。《萬壑松風》，採用了近似群仙爛棋的構圖方式，並突出了風水穴裏藏風的概念。

圖 3-13　　　　　　　圖 3-14　　　　　　　圖 3-15
李唐《萬壑松風》　黃秋園《山水畫》　不過午《穴山圖》

圖 3-13，李唐《萬壑松風》：啟功主編，《中國歷代繪畫精品山水卷‧墨海瑰寶》，濟南：山東美術出版社，2003 年版，第 122 頁。

圖 3-14，黃秋園《山水畫》：《黃秋園畫集》，南昌：江西美術出版社，1989 年版。

圖 3-15，不過午《穴山圖》：參見不過午，《龍穴全書》，新疆：新疆人民出版社，2005 年版。

（二）風水學裏的砂

圖 3-16 趙孟頫《鵲華秋色圖》，畫面運用了風水學裏的「土形山」和「火形山」成左右對稱排布，以達到構圖的平衡（見圖 3-18 風水學裏的土（砂）形山、圖 3-19 風水學裏的火（砂）形山）。

圖 3-16　趙孟頫的《鵲華秋色圖》

圖 3-16，趙孟頫《鵲華秋色圖》：參見吳憲生、王經春，《中國歷代經典山水畫技法‧石法》，濟南：山東美術出版社，2017 年版，第 85 頁。

　　圖 3-17 石濤《山水畫》，石濤的山水畫採用了，羊羔跪乳的砂形來創作，
穴有泉水好像從羊奶的乳頭裏流出。這種在山水構成比喻此地的住家富貴長
久之意的象徵，也是對藝術贊助人此類的祝福。

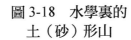

圖 3-17	圖 3-18　水學裏的	圖 3-19　風水學裏的
石濤《山水畫》	土（砂）形山	火（砂）形山

圖 3-17，〔清〕石濤《山亭聽雨圖》:《中國古代名家作品選粹・石濤》，北京:
　　人民美術出版社，2003 年版，第 64 頁。

圖 3-18，風水學裏的土（砂）形山:參見不過午，《龍穴全書》，新疆:新疆人
　　民出版社，2005 年版。

圖 3-19，風水學裏的火（砂）形山:參見不過午，《龍穴全書》，新疆:新疆人
　　民出版社，2005 年版。

　　宋代畫家是把風水學用來考察生活中的真山真水後，再進行創作的。山
水畫的「可觀、可遊、可居」就是這一觀念的體現。

　　宋代之後，元代畫家們普遍重視書法入畫，這是畫家們開始逐漸放棄了用
風水學來考察生活的真山真水，從而轉變了它的應用功能，這時候他們把風水
學當成「閉門造車」處理構圖和安排筆墨的工具，這也是明清繪畫衰敗的重要
原因。他們不去考察生活、遠離生活是文人山水畫遠離生活和消解生活的肇
始，是秀才不出門便知天下事的儒家學者思想的一種扭曲發展。明清這種思想
更是泛濫，明清畫家通過風水學入畫，否定了風水學是用於考察的真山真水的

生活形式，把風水學形而上應用到形而下的山石構成上，用來解決山水畫裏的造型和筆墨問題。這種閉門造車的方式完全把風水學的科學價值給否定了，他們遠離生活，使風水入畫進入了死胡同。正如尚輝所說：「明代畫家一方面不及宋代畫家，另一方面又超越宋代畫家。所謂不及，就是遠離對自然的直接經驗，無法應用傳統的繪畫語言來表現事物……是指明代的繪畫包含更多的詩意與哲學思想，追求畫外之畫。董其昌的山水圖創作，作為其理論的具體實踐，被認為標誌著明清山水畫的最高峰。其山水畫追求筆墨的造型和結構形式趣味，這類作品將元人筆墨和宋人造型結構結合，並加以某種程度的抽象化、符號化……」〔註40〕我們不得不說尚輝先生確實看到了明清山水畫這一方面的程序問題，但其也把明清山水畫的成就估計過高。

第四節　小　結

　　唐以前的山水畫，表現山石多以一系列三角形的山形橫向排開，分布於畫面底端、中端和上端，構成了三個斷裂層次，以暗示遠、中、近逐漸後退的空間。這無凝是典型的幾何組成法的構成方式。

　　曹昌武、曹曉楠在《繪畫構圖》裏提出了傳統山水畫的幾種處理構圖的方法：並列式空間處理、分層式空間處理、疊層式空間處理、散點式空間處理，這和平面構成裏的分離、接觸、覆疊、透疊、差疊、減缺、聯合、重合等幾種組織方式沒什麼本質區別，太極中的虛實、陰陽也恰恰是平面構成裏的對比與調和的構成關係，只是平面構成是隨西學東漸而傳入進來的一種現代觀念。而且在西方誕生的平面構成，在某些觀念上，由於西方人對中國文化瞭解得不夠深入（其不知道中國文化裏的平面構成語言也相當豐富），同時我們原有處理構圖的方法沒有得到完善，只深入完善了西方構成觀念。由於我國工業起步比較晚，再加上中國文化受中國本體哲學影響的複雜性，因此，至今還沒一個相對完善的有關中國平面構成的系統理論。

　　通過上面的分析我們可以看出，中國山水畫的基本形的構成與陰陽五行相關，也可以用現代平面構成分解結構來分析。陰陽五行是中國的核心文化觀念，陰陽、五行文化影響非常廣泛，這裡我們只能從狹義的概念入手研究節本形的基礎觀念。通過本章和第二章我們得出一個結論表：

─────────────

〔註40〕尚輝《重構文人畫理想》，北京：中國藝術研究院博士論文，2008 年。

表 3-3　山水畫和平面構成基本形構成方法表

序號	基本形的構成方式	基本形構成方法		
		中國山水文化基本形組織形式（狹義地看）		平面構成方法組織方式（筆墨）
		陰陽影響下的特殊基本形	五行發展出來的風水學基本形	
		虛實、留白	風水學的組織方式：龍、穴、砂、水；金、木、水、火、土	分離、接觸、覆疊、透疊、差疊、減缺、聯合、重合
1	筆	各種土石的皴法、樹、葉，雲、水和點景物象的描法與點法濃淡、乾濕、虛實、黑白、陰陽（濃墨法，淡墨法，破墨法，潑墨法，積墨法，焦墨法，宿墨法）		
2	墨			

　　透過上面的表格我們可以看出，中國陰陽和風水學文化影響下的基本形與平面構成所提出的基本形都是塑造畫面形成獨立形、基本形的重要構成元素。中國山水畫裏的紛繁意象關係也可以總結成平面構成的形式。

　　這此構成元素表現為：重複、漸變、發射、近似、密集、對比（陰陽、虛實、疏密等）、筆墨、複和形、基本形。

　　金、木、水、火、土等通過分離、接觸、覆疊、透疊、差疊、減缺、聯合、重合、等組成基本形、複和形，並由此構成山水畫（參見圖 3-9、圖 3-11，圖 3-12、圖 3-10、圖 3-16）。

　　在近當代，山水畫發展思維由傳統的封閉式、體驗式思維轉向了開放式思維，風水學裏的「迷信」（迷信的副作用被無限放大）這一基本元素，就產生了對山水畫裏的風水學觀再認和發展的障礙，從五四運動到當代畫家都對風水學入畫加以排斥並認為不恥（特別是海歸派，只願意承認詩、書、畫、印的意象方式，而對風水學入畫只看到了消極性和侷限性，未看到它的開放性，所以給予了拋棄），這些反映都可以印證這一點。近百年受西洋畫寫生方式的衝擊而傳統文化的傳承稍有停滯，西方現代派抽象幾何繪畫及平面構成設計再一次的衝擊，人們又進入了一種盲人摸象的無意識的實踐狀態。陰陽五行本來是我們的祖先對自然科學的總結，風水學則是前人認真觀察生活作出的實踐總結（只不過明清的畫家借用來照本宣科、閉屋造車，使創作脫離生活）。用發展的眼光看脫離研究自然生活的藝術實踐，談任何發展都不具有意義。現在我們結合自然觀察、研究風水構成思想，有助於理性接受其有益的思想成分，張揚民族特色。從中國山水畫基本語言看，中國山水畫裏的構成充滿了更多的

人文精神，充滿了更多的意象色彩。相對西方平面構成的基本形分析繪畫更為簡潔，基本形更具形象化。中國山水畫裏基本形的形態更為深邃，分析起來非常複雜。西方平面構成裏的基本形近幾何思維，更為概括。從點線形成的筆墨基本形看，筆墨發展的涵義和深度也不可忽視。從個性方面上看，中國山水畫中的筆墨基本形態已經達到了爐火純青的程度；從平面構成語言看：點、線、面基本形所包容的寬度應更為寬泛，認識和分清這兩種語言關係可以開闢一個互建的系統空間，而不相互排斥。紛繁複雜的基本形的形式有時也需要幾何思維加以概括和總結。簡潔概括的幾何思維在引入創作也需要吸收更多的人文精神和意象思維元素，以避免內容和精神的單一，以及形式的刻板。通過用平面構成關係分析來打通其間基本形的構成的關係，有利於減少紛繁複雜意象構成，便於快速掌握傳統山水畫構成思維的精髓。

第四章 從平面構成中的複合構成形式看山水畫中複合構成觀念

第一節 複合形式構成觀念與定義

在前幾章裏我們分析了山水畫的基本元素，以及對單獨形的構成形式作了一些簡單的探討。複合形式是包括基本元素和獨立形兩個及兩個以上構成的複合形，在平面構成觀念裏分為這幾種形式：重複構成、密集構成、漸變構成（濃、淡、輕、清）及近視構成發射構成、對比構成，特異構成、分割構成及肌理構成等。這是「平面構成」裏的一個概念，那麼在傳統山水畫裏有沒有這樣的思維語言呢？我們可以很清楚的告訴你，在中國山水畫中這種構成不但沒有而且很多，同時有的概念在深度語言的開發上還獨樹一幟。

第二節 看山水畫中的複合形式構成觀念

一、重複構成與山水畫

重複構成是指相同或相似的基本形，按照構成原則和觀念進行有規律的組成形式，重複的一般概念是指在同一設計中，並以基本形和基本元素為基礎構成組織兩次以上形式設計和繪畫。重複在中西圖案設計中是常用的方法之一。其主要作用是給人視覺以強化的作用，同時也給畫面造成有計劃的視覺統一形象。重複中的基本形用來重複的原始符號稱為基本形，每一基本形或基本元素為一個計量單位，利用重複構成的方法進行組織創作。

圖 4-1　八卦裏的乾、坤卦　　圖 4-3　大篆字裏重複構成

圖 4-2　中國文化圖騰太極圖

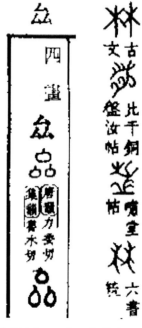

圖 4-1，八卦裏的乾、坤卦：參見周振甫，《周易譯注》，北京：中華書局，
　　　1991 年版。

圖 4-2，中國文化圖騰太極圖：參見周振甫，《周易譯注》，北京：中華書
　　　局，1991 年版。

圖 4-3，大篆字裏重複構成：出版信息不詳。

　　重複是自然界中的現象：比如說斑馬的花紋、蜜蜂六邊形的蜂房、天空飄
落的雪花；這些自然中的重複構成現象與山水畫裏的重複構成深有淵源。從
中國文字的構造來看，後人所謂的「六書」，即象形、指事、會意、假借、形
聲和轉注這六種構成方式，在甲骨文中都已具備了這些構成思維，但更多的
還是象形、會意、形聲和假借四種。中國最早的甲骨文字體裏就有多種意義
的重複構成的文字結構；從卦象上來看，在八卦裏的乾、坤卦都屬於重複構成
（見圖 4-1），周公的 64 卦有多個重複構成的卦象。在中國文化圖騰太極圖裏
的黑白圖就是一個相對重複構成（見圖 4-2）。〔北宋〕郭熙《林泉高志》解釋
說「故舜十二章，山龍華蟲，曰觀古人象。《爾雅》曰：『畫，象也。』言象之
所以為畫爾。《易》設卦觀象繫辭，《論語》：『繪事後素』，《周禮》：『繪畫之事
後素工』，畫之為本甚大且遠。自古說伏戲畫八卦，讀為今汝畫之畫，畫文訓
為止，不知畫八卦為等義，故畫當為畫，但今畫出於後世，其實止於畫字爾。

又今之古文篆籀禽魚，皆有象形之體，即象形畫之法也。」〔註1〕（見圖4-3、圖4-17）郭熙的這段話闡述了，山水畫來源於伏羲設卦的觀物取像方式，繪畫的構成思維也是依據《易》設卦的一種思維模式展開的，這和我們前文闡述的，中國畫的繪畫構成思維（或者叫做宇宙生存論）是以周易的二進制思維展開的。

　　臺灣當代藝術家袁金塔在他著作的《中西繪畫構圖之比較》提出了一個中國畫的構圖概念，即「圖案式構圖」。所謂「圖案式構圖，即是類似圖案式的連續規則性排列之構成，這種構圖形態，雖然沒有很深入的空間感，但有單純統一之美術。」〔註2〕孔子曰：「君子不器。」在漫長的封建文化發展中，知識分子崇尚重道輕器的思想的影響，使畫工作為掌握一門技藝的人，多被文人鄙視。唐人張彥遠《歷代名畫記》記載「《國史》云：「太宗與侍臣泛遊春苑，池中有奇鳥，隨波容與。上愛玩不已，召侍從之臣歌詠之，急召立本寫貌。閣內傳呼畫師閻立本，立本時已為主爵郎中，奔走流汗，俯伏池側，手揮丹素，目瞻坐賓，不勝愧赧。退戒其子曰：『吾少好讀書屬詞，今獨以丹青見知，躬廝役之務，辱莫大焉。爾宜深戒，勿習此藝。』然性之所好，終不能捨。及為右相，與左相姜恪對掌樞務。恪曾立邊功，立本唯善丹青，時人謂千字文，語曰：『左相宜威沙漠，右相馳譽丹青。』言並非宰相器。咸亨元年，復為中書令。」〔註3〕從《歷代名畫記》記載的閻立本父子的對話中可以看出，在唐代從事繪畫技能一類的事是沒有社會地位的，像閻立本這種身居相位之人，仍然以自己有繪畫之長要服侍於他人為辱，而不是以馳譽丹青為榮，甚至教導自己的子孫也不要從事這一行當。雖然在宋以後由於大量文人介入繪畫才使畫家的地位得到了提高，但作為技術類畫工的地位還是使人看不起的。由於宋後文人畫的興起，才拉開了畫家和畫工、技工的距離。所以原本在奴隸社會和秦漢時代由宮廷宗廟文化的工藝美術走向世俗後，又慢慢和文人繪畫開始疏離；再加上中國山水畫「重意輕形」的觀念。使中國山水畫對圖案刻板一類的形式構成給予排斥，即使對一些概念的接收也是以含蓄和間接的方式進行的。比如重複構成和發射構成這兩種圖案構成形式都是以隱性方式吸收

〔註1〕〔宋〕郭熙：《林泉高志》，盧輔聖主編：《中國書畫全書》第1冊，上海：上海書畫出版社，1993年版，第497頁。

〔註2〕袁金塔：《中西繪畫構圖之比較》，臺灣藝風堂出版社，民國84年版。

〔註3〕〔唐〕張彥遠：《歷代名畫記》，盧輔聖主編：《中國書畫全書》第1冊，上海：上海書畫出版社，1993年版，第119～158頁。

的。又比與圖案構成相似的詩歌形式，如：迴文詩、頂真詩、連珠詩的結構形式都被含蓄和間接地吸收到畫中來。形成兩種構成形式：一種是轉換到畫外構成形式上，如：冊頁形式、手卷、扇面等形式。一種是轉換到筆墨的隱性用筆形式上，如書法用筆「無垂不縮，無往不收，則如屋漏痕，言不露圭角也。」〔註4〕後來這種繪畫筆墨又發展到「千筆萬筆不覺其繁」「兩筆三筆不覺其簡」的勾、皴、點、染等山水畫重複用筆觀念上。

二、平面概念下的近似構成與山水畫的聯繫

近似構成法是重複構成的輕度變動，指的是在形狀、大小、色彩、肌理等方面有著共同特徵，近似構成在骨格選擇上基本上和重複構成相同，都是基本形在重複骨格內的排列構成。表現了在統一中呈現生動變化的效果。近似的程度可大可小，如果近似的程度大就產生了重複感，近似程度小就會破壞統一。

仰韶文化的圖案裏都有近似構成的形態。在中國歷代的圖案中龍紋包括夔紋和夔龍紋，又根據龍紋的結體大致可分為爬行龍紋、卷體龍紋、交體龍紋、雙體龍紋、兩頭龍紋等等都是近似構成。王先勝《龍鳳呈祥——仰韶文化「鳥龍」彩陶盆》「鳥龍紋彩陶缽的年代範圍大致可以確定在距今 6000 年～5500 年間，即屬於典型廟底溝類型早期」〔註5〕這時就有近似平面構成的圖案了（見圖 4-4、圖 4-5、圖 4-6、圖 4-7），較早的半坡也出現了魚的近似構成。稍晚一些的馬家窯文化鳥體的變化就有跟現代平面構成完全一致的純抽象的近似構成的樣式。近似構成現象四處可見，如：鴨、鵝、山羊、綿羊、左手和右手；貓和老虎、魔芋和芋頭的葉子等等。在「八卦」裏也有很多相似圖形，八卦裏的「震卦」和「艮卦」，「兌卦」和「巽卦」也都是相似構成（見圖 4-8）。

明代沈顥主張繪畫要「似而不似，不似而似」；〔註6〕清代石濤有詩云：「名山許遊未許畫，畫必似之山必怪；變幻神奇懵懂間，不似似之當下拜。」〔註7〕另一詩云：「天地渾熔一氣，再分風雨四時；明暗高低遠近，不似之似

〔註4〕〔清〕豐坊撰：《書訣》，上海社畫出版社，華東師範大學古籍整理研究室編：《歷代書法論文選》，上海書畫出版社，2012 年版，第 505 頁。

〔註5〕王先勝：《仰韶文化「鳥龍」紋彩陶缽紋飾釋讀及其重要意義》，《中國文物報》，2010 年第 8 期。

〔註6〕宋永進：《畢加索繪畫的不似之似》，《美術報》，2011 年 11 月 2 日。

〔註7〕傅抱石：《大滌子題畫詩跋校補》，上海：上海辭書出版社，2006 年版，第 12 頁。

似之。」〔註8〕這些明清畫論的「似與不似」觀念都把繪畫當成自然現象的形式來看待，「似與不似」是「天地渾熔一氣」的代言。傅抱石把「不似之似」作為繪畫的最高境界；黃賓虹認為：「絕似又絕不似物象者，才是真畫」「似」指客觀對象的真實，「不似」指畫家心中的個人情意。「齊白石主張，作畫「妙在似與不似之間，太似為媚俗，不似為欺世」〔註9〕可以從傅、黃、齊三大畫家的闡述可以看出，「似與不似」不但是繪畫的形似觀，而且還是中國繪畫哲學，他與中國哲學的形而上觀念和形而下思想緊密相連，正是這樣的觀念推動了中國山水畫豐富的形似構成觀。中國山水畫對近似構成的原則主要還是體現在意象美學的層面，重在純抽象的理念上，所以不同於平面構成裏的近似圖案構成，但又包含平面構成裏的近似特徵。

　　基本近似構成，在傳統山水畫裏有很深的人文哲學意味。古代畫家們根據風水學原理，把風水學裏的金、木、水、火、土五形當成基本形，其後又變出九星形，武曲與金星形（金星又分太金和太陰）、土星與破軍巨門等近似構成結構。唐以前山水畫裏表現的山石多以一系列三角形的山形從橫向排開，分布於畫面底端、中端和上端，構成了三個斷裂層次，以暗示遠、中、近逐漸推遠的空間。

圖 4-4　半坡文化鳥體圖案（1）　　圖 4-5　廟底溝文化鳥體圖案（2）

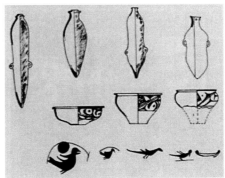

圖 4-4，半坡文化鳥體圖案（1）：王先勝，《仰韶文化「鳥龍」紋彩陶缽紋飾釋讀及其重要意義》，《中國文物報》，2010 年第 8 期。

圖 4-5，廟底溝文化鳥體圖案（2）：王先勝，《仰韶文化「鳥龍」紋彩陶缽紋飾釋讀及其重要意義》，《中國文物報》，2010 年第 8 期。

〔註8〕白聯晟：《不似似之──試論石濤山水畫藝術的原創性》，《美術研究》，2010 年第 2 期。

〔註9〕夏羽：《中國畫論──齊白石的藝術主張》，《美術》，2009 年第 1 期。

圖 4-6　馬家窯文化鳥體圖案　　圖 4-7　青銅器中的各種龍紋樣

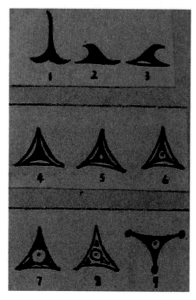 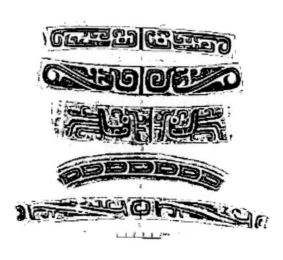

圖 4-6，馬家窯文化鳥體圖案：王先勝，《仰韶文化「鳥龍」紋彩陶缽紋飾釋讀
　　　及其重要意義》，《中國文物報》，2010 年第 8 期。

圖 4-7，青銅器中的各種龍紋樣：趙永福，《陝西長安張家坡西周墓清理簡報》
　　　《考古》，1965 年第 9 期。

圖 4-8　八卦中的：震卦、艮卦、兌卦、巽卦

圖 4-8，周振甫，《周易譯注》，北京：中華書局，1991 年版。

三、平面概念下的漸變構成與山水畫的聯繫

　　漸變，它是指以類似的基本形或骨骼，漸次地，循序漸進的逐步變化，呈
現一種有階段性，調和的秩序。人們在長期生產和生活中所積累起的漸變視覺
經驗，比如：樹上的桃子從小果長成大果，扁豆角從小長大。牛犢從小變成耕
牛通過長期漸變的過程，於是人們在漸變過程找到了一定的規律與秩序。人在
看到某種物體時，總是近大遠小，越近越大越具體；越遠越模糊。如果我們從

某一個側面去觀察存在於我們面前相同的或基本相等的一系列物體時，就會很快看到由大逐漸變小的漸變效果。從這些從闡述可以看出，漸變也是從生活中總結出來的一種具有美秩序的、有規律的、循序漸進的無限變動。同時具有節奏又具有韻律的一種構成方式。

　　宗炳在《畫山水序》說：「且夫崑崙山之大，瞳子之小，迫目以寸，則其形莫睹，迴以數里，則可圍於寸眸。」〔註10〕王維在《山水論》中亦有：「丈山尺樹，寸馬分人。遠人無目，遠樹無枝。遠山無石，隱隱如眉；遠水無波，高與雲齊。此是訣也。」〔註11〕以上宗炳對崑崙山的描述，以及王維提出的：丈山尺樹、寸馬分人、遠人無目等這些觀念無不是漸變的觀察總結；在 5000年前的仰韶彩陶裏也出現了非常多的漸變圖樣，完全可以與現代構成中的漸變作業媲美（見圖 4-9 系列），在中國山水畫中畫分色色彩變化中是最具現代觀念的漸變單色的摸版。同時在「八卦」里長男、次男、少男、都是由乾卦（父卦）漸變而來，長女、次女、少女卦象都是由坤卦（母卦）漸變而來，太極圖裏也有從陰陽到太陰到少陰的漸變模式（見圖 4-10、圖 4-11、圖 4-12）。這些都是中國文化典型的漸變特徵。

圖 4-9　仰韶文化時期的漸變構成

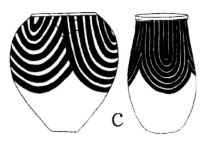

圖 4-9a，甘肅省博物館編，《甘肅彩陶》，蘭州：文物出版社，1979 年，第 8 頁。

圖 4-9b，王海東編著，《馬家窯彩陶鑒識》，蘭州：甘肅人民美術出版社，2005年，第 19 頁。

圖 4-9c，張孝光編，《彩陶與彩繪陶器》，北京：人民美術出版社，1985 年版，第 119 頁。

〔註10〕〔南朝〕宗炳，王微著，陳傳席譯解：《畫山水序·敘畫》，北京：人民美術出版社，1985 年版，第 5 頁。

〔註11〕〔唐〕王維：《山水論》，盧輔聖主編，《中國書畫全書》第 1 冊，上海：上海書畫出版社，1993 年版，第 177 頁。

圖 4-10　中國太極圖裏的陰陽漸變圖

圖 4-10，周振甫，《周易譯注》，北京：中華書局，1991 年版。

圖 4-11　墨分五色圖

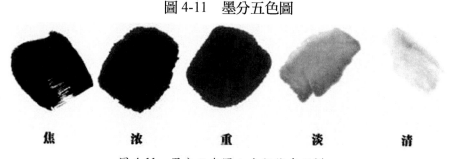

圖 4-11，墨分五色圖：出版信息不詳。

圖 4-12　八卦漸變圖式

坤卦（☷）　　震卦（☳）　　坎卦（☵）　　艮卦（☶）

　　　　　　　長男　　　　　中男　　　　　少男
　　　　　　　陽爻在初位　　陽爻在中位　　陽爻在上形位

相反，坤卦所帶的三個卦：巽卦（長女），離卦（中女），兌卦（少女），皆從乾而來

乾卦（☰）　　巽卦（☴）　　離卦（☲）　　兌卦（☱）

　　　　　　　長女　　　　　中女　　　　　少女
　　　　　　　陰爻在初位　　陰爻在中位　　陰爻在上位

圖 4-12，八卦漸變圖式：參見周振甫，《周易譯注》，北京：中華書局，1991 年
　　　版。

四、平面概念下的發射構成與山水畫的聯繫

　　發射構成在自然中是比較普遍的現象，山林裏松樹的松針就是發射構成。發射具有方向的規律性，發射構成的中心是重要的構成的視覺焦點。所

有基本形和基本元素均向中心集中或者由中心散開，可以造成光學的動感形象，會產生強烈的視覺效果。

圖 4-13a　半坡彩陶發射構成　　　　圖 4-13b　紅山彩陶發射構成

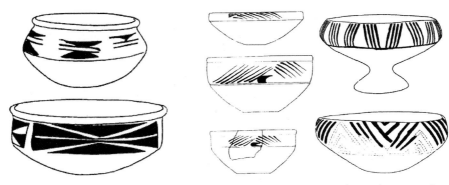

圖 4-13a，半坡彩陶發射構成：張孝光編，《彩陶與彩繪陶器》，北京：人民美術
　　　出版社，1985 年版，第 15 頁。

圖 4-13b，紅山彩陶發射構成：張孝光編，《彩陶與彩繪陶器》，北京：人民美術
　　　出版社，1985 年版，第 120 頁。

圖 4-14　馬家窯型旋轉發射構成中的漩渦紋

圖 4-14a，馬家窯型旋轉發射的漩渦紋：甘肅省博物館編，《甘肅彩陶》，北京：
　　　文物出版社，1979 年版，第 10 頁。

圖 4-14b，馬家窯型旋轉發射的漩渦紋：參見張孝光，《彩陶與彩繪陶器》，北
　　　京：人民美術出版社，1985 年版。

圖 4-14c，馬家窯型旋轉發射的漩渦紋：甘肅省博物館編，《甘肅彩陶》，蘭州：
　　　文物出版社，1979 年版，第 45 頁。

圖 4-14d，馬家窯型旋轉發射的漩渦紋：甘肅省博物館編，《甘肅彩陶》，蘭州：
　　　文物出版社，1979 年版，第 47 頁。

　　發射構成在繪畫上也屬於袁金塔在《中西繪畫之比較》一書提出來的圖案構圖的一種，詳細解說見重複構成一節裏的解釋。我國在仰韶文化前期時期（大約 4、5 千年前就出現了像西方平面構成裏的發射構成圖案，後期在馬家

窯彩陶中又出現了誇張變形的旋轉發射構成。道家的陰陽八卦圖也是發射構成的（見圖 4-13a、圖 4-13b 系列及圖 4-15）。在封建時期很多宗教題材的山水畫也是發射構成，在我國近代文革時期的山水畫吸收平面設計和宗教繪畫的方法也作了發射構成、或近似發射構成的山水畫，是發射構成入畫來表現現代山水畫的高峰時期，這種構成形式在文革後就開始衰落了，85 新潮後又有所復蘇的現象，古代圖案中的發射構成（見圖 4-14a-d 系列和圖 4-15、圖 4-16 敦煌壁畫山水）。

圖 4-15　中國的陰陽八卦圖

圖 4-15，中國的陰陽八卦圖：參見長北著，《中國藝術史綱插圖本上》，
北京：商務印書館，2006 年版，第 79 頁。

圖 4-16　敦煌壁畫山水

圖 4-16，敦煌壁畫：敦煌研究院，上海人民美術出版社合編，《敦煌壁畫
臨本選集》，上海：上海人民美術出版社，1989 年版，第 5 頁。

五、平面概念下的特異構成與山水畫的聯繫

　　特異構成，一般主要指構成要素在次序的組織關係中，其中有部分有意打破固有原則，違反次序規律，使少數形態的要素更為突顯。特異的現象在自然形態中也是普遍存在的，如鶴立雞群，不驚則已、一鳴驚人，萬綠叢中一點紅也是一種構成的特意現象。原始象形符號及六書「象形、指事、會意、形聲、轉注、假借」的六種結構裏也都有特意構成，見圖 4-17、圖 4-18 系列。八卦裏有六卦從獨立構成來看也是特異構成，如果不以本源意象思維來思考，在當代書畫創作意象思維匱乏的今天個個都可以當成特異構成，現在好多畫家也都在這麼做。

圖 4-17　原始形象符號

　　圖 4-17，原始象形符號：千年中華古文化，《中國文字博物館》之旅（meipian.cn）。

　　王羲之在書論裏說「每寫一個「戈」，如同拉開百鈞的弓駑發射；每寫一個點，如從險峰上墜下的石頭，每寫一鉤，其轉折處如鋼鉤堅挺有力，每寫一筆絞絲，要如萬年枯藤，每寫一個縱捺，如疾步奔走，形狀好像蛇出水，激揚楚水之浪而成自然的紋理。」〔註12〕王羲之書論總結的書法特徵，正是通過書法對自然界特殊構成的一種抽象模仿。郭熙《林泉高致》也提到了特異構成的繪畫處理思想，他說：「在水者，土薄處有數尺之檗。水有流水，石有磐石，水有瀑布，石有怪石。瀑布練飛於林木表，怪石虎蹲於路隅。」〔註13〕郭熙的「怪石虎蹲於路隅」其實也是山水畫點景的一種特異構成。齊白石的畫就如平面構成特異構成出奇制勝他的《蛙聲十里出山泉》《淒迷燈火更宜秋》無凝

〔註12〕〔晉〕王羲之：《筆勢論十二章並序》，黃簡：《歷代書法論文選》上，上海：上海書畫出版社，1979 年版，第 31 頁。

〔註13〕〔宋〕郭熙：《林泉高志》，盧輔聖主編：《中國書畫全書》第 1 冊，上海：上海書畫出版社，1993 年版，第 503 頁。

都是這一出奇制勝的代表作。但中國畫從形式以「出奇制勝」的形式早就有範本。比如說宋范寬的《溪山行旅》在畫的中間一個突起的一座巨石一樣的大山，都屬於特異構成的一種形式。又比如說中國山水畫中的「甲字構圖形式」也被稱為「造險式」構圖。同時當繪畫完成時，又總是思考如何「化險為夷」，來實現「出奇制勝」的藝術視覺調和。如：枝幹的穿插如何能達到四兩撥千斤的作用。不平衡中追求平衡，先造險、後破險的重要性。中國書法裏也常追求。圖 4-18a、圖 4-18b、圖 4-18c 系列的幾個甲骨文字、從構圖上說就體現了一種「出奇制勝」的構成效果。

圖 4-18a　　　　　　　圖 4-18b　　　　　　　圖 4-18c
指事結構「忍」字　　會意結構「摯」字　　會意結構「物」字

圖 4-18a，指事結構「忍」字：侯德昌，《篆書藝術》，北京：人民美術出版社，1992 年版。

圖 4-18b，會意結構「摯」字：侯德昌，《篆書藝術》，北京：人民美術出版社，1992 年版。

圖 4-18c，會意結構「物」字：侯德昌，《篆書藝術》，北京：人民美術出版社，1992 年版。

六、平面概念下的密集構成與山水畫的聯繫

密集構成在設計和繪畫中是常用的畫面的組織形式，基本形在整個構圖中可自由散佈，有疏有密。密集構成是利用基本形數量排列多少產生疏密、虛實、鬆緊的對比效果。疏密二體最早闡述的是中國人物的畫法。疏體指吳道子繪畫以墨勾線，略施淡彩，筆才一二，像已應焉，美術史上將他與張僧繇合稱「疏體」代表畫家，以區別於陸探微與顧愷之緊密用筆的「密體」人物畫法。中國山水畫也因用筆分為密體和簡體山水，山水畫論常說：千筆萬筆不覺其繁，兩筆三筆不覺其簡。同時還在構成上強調：「密不容針，疏可走馬」的構成處理手法。清王翬說：繁不可重，密不可窒，要伸放手腳，寬間自在，就是

密集構成山水畫的經驗總結。歷史上人們習慣把王蒙一類的山水畫叫密體。倪
雲林、漸江、八大的山水畫叫做疏體。這裡我們看這個概念主要是指用筆緊
密，構圖繁雜的山水畫（構圖的元素多）。以下是我國古代山水畫強調疏密的
部分理論。

　　〔明〕唐志契《繪事微言》：「寫枯樹最難蒼古，然畫中最不可
少。即茂林盛夏，亦須用之。決曰：』畫無枯樹，則不疏通……以
是知枯枝求妙最難」。〔註14〕

　　〔清〕蔣和《學畫雜論》：「樹木布置，須疏密相間，虛實相生
乃得畫理」。〔註15〕

　　清六家之一惲南田《南田畫跋》：「文微仲述古云：看吳仲佳畫，
當以密處求疏，看倪雲林畫，當以疏處求密。家香山翁每愛此語，
當謂古人眼光爍破天下處。餘則更進而反之曰：『須疏處用疏，密處
加密，合兩公情趣而參取之，則兩公合一之元微也』」。〔註16〕

　　〔清〕唐岱《繪事發微》：「畫林木要知攢聚疏散，以濃陰淺深，
分其遠近。用筆曲折之中得堅硬蒼健之勢，更以墨之濃淡，分叢枝
葉，自具重疊深遠之趣」。〔註17〕

　　我們從古代畫論中看到了傳統畫家對疏密的重視程度及其操作方法，在
現代繪畫中需要注意的是，在處理密集構成的中要注意，基本形的面積要細
小，數量要多，以便有密集的效果。密集構成中的基本形形狀：主要以相同或
近似的結構形態，在大小和方向、疏密變化在密集的構成中最重要基本形的組
織方法。

七、平面概念下的對比構成與山水畫的聯繫

　　對比是將兩物排在一起，以強調彼此之間的差異，使兩物各自的特點更

〔註14〕〔清〕唐志契：《繪事微言》，盧輔聖主編：《中國書畫全書》第4冊，上海：
　　　　上海書畫出版社，1992年版，第60頁。
〔註15〕〔清〕蔣和：《學畫雜論》，盧輔聖主編：《中國書畫全書》第8冊，上海：上
　　　　海書畫出版社，1994年版，第995頁。
〔註16〕〔清〕惲壽平：《南田畫拔》，盧輔聖主編：《中國書畫全書》第7冊，上海：
　　　　上海書畫出版社，1999年版，第975～987頁。
〔註17〕〔清〕唐岱：《繪事發微》，盧輔聖主編：《中國書畫全書》第8冊，上海：上
　　　　海書畫出版社，1994年版，第886～887頁。

鮮明，以增強畫面效果。中西繪畫在藝術處理上都用對比方法，國畫在創作中更追求黑白及虛實對比效果，西方繪畫和設計都比較重視色彩和明暗三維對比。「對比」有時候是形態上的對比，有時是色彩和質感的對比。明朗、肯定、強烈都是「對比」應用方法所呈現的結果，對比構成的作品往往給人深刻的印象。自然界處處是對比，人年齡的老幼、身體的肥胖都是對比。從構成對比的關係來看，還包括：大小、明暗、銳鈍、輕重等。

中國山水畫語言受《易經》陰陽思維的影響，認為世界是由對子元素構成。道家曰：無極生太極，太極生兩儀，兩儀生四象，四象生八卦就是對比構成的本體思想總結。石濤在《畫語錄》「一畫」論也是基於這種對比對生的思想提出的。

前面我們幾章都講過，這裡我們就不再闡述了。在我們的山水畫語言裏特別講究對比的應用，比如：大小、剛柔、虛實和開合、強弱、靜躁以及陰陽全都是藝術對比手法。畫家往往在創作中運用這些矛盾和對立統一的自然關係，來塑造山水畫的形象。易思維這種對立統一的觀察客觀世界方法，這種認識方法可以說是中國山水畫造型思辯認識的主導方法，這也是山水畫在二維平面上創造「心源世界」的哲學基礎。惲南田認為：意就是存同求異。他說：「群必求同，同群必相叫，相叫必於荒天古木，此畫中所謂意也」。〔註18〕

八、平面概念下的分割構成與山水畫的聯繫

在平面構成中把整體分成部分，叫分割。在我們的周圍生活中分割現象隨處可見，比如：籃球場和隴上高原的梯田都是分割構成。在日常生活中這種現象隨時可見，如房屋的弔頂、地板都構成了分割。現代抽象派著名畫家蒙特里安的早期作品就是按照分割和單純比率構成的，蒙特里安的作品以直線為主要表現手段，主要構成又有由水平線和垂直線組成的，也有交叉傾斜線組成的。分割是通過邏輯數理的思維方式來實現分割空間，有顯著的特點：1. 分割合理的空間表現明快、直率、清晰，2. 分割線的限制使人感到在井然有序的空間裏，形象更集中，更有條理。3. 有條不紊的畫面分割，具有較強的秩序性，給人冷靜和理智的印象，4. 漸次的變化過程，形成富有韻律的秩序美感；中國山水畫也有分割，同時雖然在中國工藝美術裏有與西方繪畫近似的分割

〔註18〕〔清〕惲壽平：《南田畫拔》，盧輔聖主編：《中國書畫全書》第 7 冊，上海：上海書畫出版社，1999 年版，第 975～987 頁。

構成，但分割的概念與西方的抽象形式的分割是不一樣的。傳統中國山水畫裏也講分割，傳統中國山水畫的分割畫面的形式非常豐富，比如在骨架上，就有冊頁形式，中堂樣式、屏風等分割，屏風的分割以及長卷按景點用無作用骨骼分割畫面等。傳統的山水畫也講究數理化分割，中國的數理文化受河圖洛書的影響，關於《河圖》的出處，眾說紛紜，爭論很多。有人說是伏羲座天下，龍馬出河，同時認為《洛書》是大禹治水時，神龜負文而出。也有人說是宋朝國力虛弱，是拍趙氏皇帝馬屁的大臣造假（見圖 4-19、圖 4-20）。但不管怎樣，《河圖》和《洛書》作為數理知識體系確實影響了中國文化，同時也影響了中國山水畫的基本構成。漢鄭憬玄的《乾鑿度》中有：「『戴九履一，左三右七，三四為肩，六八為足。』是洛書的理論依據。」〔註19〕畫家常用九宮格來調整畫面（見表 4-1、圖 4-21）「該圖：1 數在下，山小而低；5 數居中；平衡上下；9 數在上，雖重不重，畫面雖為上重下輕之勢，但 5 數居中使其平衡。」〔註20〕

圖 4-19 《河圖》　　　　　圖 4-20 《洛書》

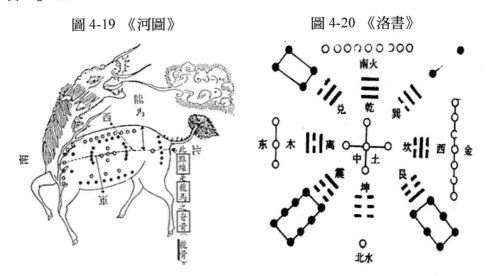

圖 4-19，《河圖》：參見常光明著，《周易圖解》，濟南：齊魯書社，2014 年版，第 3 頁。

圖 4-20，《落書（奇門遁甲用後天圖）》：李伯欽編著，《全本周易——圖解本》下，瀋陽：遼寧畫報出版社，2005 年版，第 379 頁。

〔註19〕范瑞華：《中國畫向何處去》，北京：國際文化出版公司，2002 年版，第 120 頁。

〔註20〕范瑞華：《中國畫向何處去》，北京：國際文化出版公司，2002 年版，第 121 頁。

表4-1　九宮格

四	九	二
三	五	七
八	一	六

圖 4-21　九宮格畫面分割圖

表4-1，九宮格：范瑞華著，《中國畫向何處去——對中國畫藝術發展的研究與探討》，北京：國際文化出版公司，2002 年版，第 120 頁。

圖 4-21，九宮格畫面分割圖：《中國畫向何處去——對中國畫藝術發展的研究與探討》，北京：國際文化出版公司，2002 年版，第 121 頁。

第三節　看山水畫中的複合形式構成觀念的分類與應用

一、山水畫中的重複構成應用

形的重複構成：

重複構成又叫元素重複構成，同時元素重複構成又分為形的重複構成和骨架的重複構成。重複構成又有兩種形式：絕對重複構成和相對重複。絕對重複主要為相同基本形按構成圖形的骨架及格式規律進行重複擺佈；相對重複構成主要為基本形按照美的規律自由組合形式構成。

（一）元素重複構成

基本元素上可以理解筆墨的重複為構成，也可以理解夾義的點、線、面的重複構成。以點、線（筆）為主的重複構成主要體現在中國山水畫的皴法上，以及樹木的夾葉畫法和點葉畫法上（見圖 4-22 至圖 4-28）系列解釋點線的重複構成，其中圖 4-22、圖 4-23 系列，以及圖 4-24、圖 4-25 系列的長短線條曲、直重複構成非常明顯，在中國畫的山水畫中，皴法的出現標誌著山水畫走

向進一步成熟。隨著中國畫的不斷發展，千百年以來皴法已經從基本技法演化成了具有生命精神的藝術語言形式，它不僅有獨立的審美價值，隨著時代的發展，皴法還體現出不同時代的審美特徵。清石濤《畫語錄・皴法章》說：「筆之於皴也，開生面也。山之為形萬狀，則其開面非一端。世人知其皴，失卻生面，縱使皴也，於山乎何有？或石或土，徒寫其石與土，此方隅之皴也，非山川自具之皴也。如山川自具之皴、則有峰名各異、體奇面生，具狀不等，故皴法自別。有卷雲皴，劈斧皴，披麻皴，解索皴，鬼面皴，骷髏皴，亂柴皴，芝麻皴，金碧皴，玉屑皴，彈窩皴，礬頭皴，沒骨皴，皆是皴也。」〔註21〕石濤又指出：「今人不明乎此，動則曰：某家皴點，可以立腳，非似某家山水，不能傳久。某家清淡，可以立品。非似某家工巧，只足娛人。」〔註22〕石濤把皴法理解成活的，他並不把它當成一種程序來擺佈，而是把它當成一種構成規律來把握。

圖 4-22　宋范寬雨點皴（用點的重複構成）

圖 4-22，宋范寬雨點皴（用點的重複構成）：邵世鵬編著，《古畫・臨摹・實技山水篇 1・溪山行旅圖軸》，瀋陽：遼寧美術出版社，2001年版，第 26 頁。

〔註21〕石濤著，竇亞傑編注：《石濤畫語錄》，杭州：西冷印社，2006 年，第 58 頁。
〔註22〕石濤著，竇亞傑編注：《石濤畫語錄》，杭州：西冷印社，2006 年，第 36 頁。

圖 4-23a　披麻類皴　　　圖 4-23b　披麻類皴　　　圖 4-23c　披麻類皴
（用長短線重複構成）　（用長短線重複構成）　（用長短線重複構成）

圖 4-23a，披麻類皴（用長短線重複構成）。

圖 4-23b，披麻類皴（用長短線重複構成）：參見，《芥子園，芥子園畫傳‧第 1
　　　集山水》，巢勳臨本，北京：人民美術出版社，1960 年版，第 387 頁。

圖 4-23c，披麻類皴（用長短線重複構成）。

圖 4-24　　　　　　　　　　　　圖 4-25
牛毛皴（用 S 線重複構成）　　　亂柴皴（用用交叉線重複構成）

圖 4-24，牛毛皴（用波形 S 線重複構成）：參見，《芥子園，芥子園畫傳‧第 1
　　　集山水》，巢勳臨本，北京：人民美術出版社，1960 年版，第 127 頁。

圖 4-25，亂柴皴（用用交叉線重複構成）：參見，《芥子園，芥子園畫傳‧第 1
　　　集山水》，巢勳臨本，北京：人民美術出版社，1960 年版，第 180 頁。

圖 4-26　水波（用波形橫 S 線重複構成）

圖 4-26，水波（用波形橫 S 線重複構成）：參見，《馬遠‧夏圭山水畫風》，
天津：天津人民美術出版社，2003 年版，第 43 頁。

圖 4-27

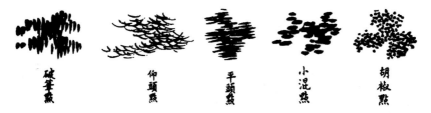

圖 4-27，參見〔清〕王概等編，《芥子園畫譜》（山水初集），天津：天津
市古籍書店，1987 年版，第 39、41 頁。

圖 4-28　夾葉法

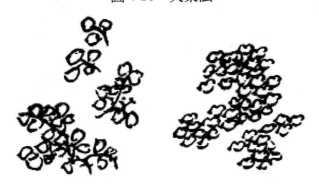

圖 4-28，夾葉法：參見〔清〕王概等編，《芥子園畫譜》（山水初集），天
津：天津市古籍書店，1987 年版，第 45 頁。

　　樹的點葉方式並遵照一定的構成方式如鼠足和胡椒、梅花，個字及介字
等抽象形態。

　　以上這些基本形為主的重複構成形式在現代山水畫中也經常使用。

　　陸儼少在《山水畫皺議》裏提出，山水畫的幾種處理主題的方式有相疊、
相犯、相讓。相疊主要是指基本形重複使用來突出主題。在現代山水畫中常

用，運用好了有音樂的二部曲、三部曲式、復三部曲式音樂旋律一樣強調主題的作用。用反覆或集中出現的圖形，可以給人留下深刻的印象，這種效果就像音樂的旋律「反覆」出現的手法呈現出來的效果。重複構成在現代山水畫創作中中常用，近似或重複的基本形在構圖種經常將同一基本形反覆使用，使畫面產生一種絕對和諧的感覺，同時為了避免單調，在山水畫的創作中應注意在排列組合，對於重複基本型方向與空間變化。如在不定方向，漸變方向、交錯方向等形式上加些變化，總之將畫面基本形中調整使其相互包含有各自的因素，同時各單元素又有所變化，這樣就使作品處在對立統一中又有變化、同時又使作品產生更為豐富的視覺表現效果。

圖 4-29《秋思》共兩組山石構成、近岸和對岸的山後採用兩種基本形，或以鈍角或以銳角向左作重複移動，形成一江兩岸的山形。這種基本形運動趨勢與江流和人流的動勢方向剛好形成矛盾的運動態勢，「剛柔相濟」使畫面形成即穩定又生動的氣象。

圖 4-29
賈又福《秋思》

圖 4-30　賈又福
《太行山所見》

圖 4-29，賈又福《秋思》：《賈又福 4·山鄉情懷　故鄉之戀》，北京：榮寶齋出
　　　　版社，2012 年，第 160 頁。

圖 4-30，賈又福《太行山所見》：《賈又福集 2·大嶽放歌　太行高處》，北京：
　　　　榮寶齋出版社，2012 年版，第 31 頁。

　　圖 4-30 賈又福《太行山所見》，畫中的山石以及樹木多為基本形重複構成。不過這裡應當指出，中國山水畫由於受「道法自然」哲學思想影響，在中國山水畫中基本形的重複構成，一般皆不會採用絕對重複的形式，大多採用相似重複，以及通過位置、對稱、漸變等形式結合。

　　圖 4-31 周韶華繪畫《青海湖》，用線的重複構成，來突出青海湖的鳥資源的豐富。

圖 4-31　周韶華《青海湖》

　　圖 4-31，周韶華《青海湖》:《周韶華畫集・大河尋源》專輯，北京：中　　國文聯出版公司，1987 年版，第 3 頁。

（二）骨架的重複構成

　　骨骼重複構成就是構成圖形的框架和骨架，在有規律的骨骼中，骨骼可以使圖形有秩序的排列。

　　重複骨骼與重複基本形的關係：

　　絕對重複是指基本形始終不變的反覆使用。相對重複則強調基本形的方向、大小、位置等發生了變化。

　　重複基本形納入重複骨骼內，用這種表現形式構成的圖形具有很強的秩序感和統一感。它的特點是骨骼線的距離相等，給基本形在方向和位置方面的交換提供了條件，這種構成可以進行多方面的變化。根據形象的需要，可

以安排正負形的交替使用，也可以在方向上加以變化。重複骨骼構成所具有的特點是基本形的連續排列，這種排列構成要力求整體形的完美，並力求形象之間的重複和有秩序的穿插。

山水畫中多在使用重複骨骼，一般應用到創作上有兩種形式。一是用於構圖（也有用來用於冊頁的形式表現的）；另外是用來表現布置山水元素，且相對重複的使用多過絕對重複，有作用骨骼多過無作用骨骼（這兩類見圖 4-32a 圖式）。當基本形和骨骼單位都確立之後，我們在布置山水畫創作元素時，不可機械無變化地對待山水畫的基本元素（基本形）的重複。清惲壽平山水冊頁採用以冊頁方式為骨骼的重複構成形式對畫面進行相應的分割。其他（如圖 4-32 至圖 4-36 系列）的冊頁、條屏、三聯畫、四聯通屏畫、八聯通屏畫也皆是如此，它們骨骼都有一定的規律，而骨骼裏的內容是不一樣的。賈又福的《晚秋》作品下端兩塊採用大白石是相對無作用骨骼的重複和近似對稱的做法，各大石上的樹採用相似構成起到統一聯繫的作用。天地用重色給予包圍起突出主體的作用。

圖 4-32a 《清惲壽平山水冊頁》（以冊頁為骨骼的重複形式）

圖 4-32a，《清惲壽平山水冊頁》：陳建強、馬旭明、任寶龍著，《無錫文物考釋》，古吳軒出版社，2017 年版，第 200 頁。

圖 4-32b　謝增傑著冊頁

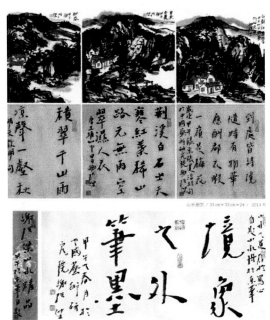

圖 4-32b，傑著，《當代藝術名家・謝增傑》，合肥：安徽美術出版社，2014
年版，第 62 頁。

圖 4-33a　〔清〕袁耀《山水庭院》12 通屏之一

圖 4-33a，〔清〕袁耀《山水庭院》12 通屏之一：〔日〕木下弘美著，《珍
藏中國帝王巨觀波士頓的 87 件中國藝術品》，上海：上海書畫
出版社，2018 年版，第 192 頁。

圖 4-33b　姚瑞中《山水畫》

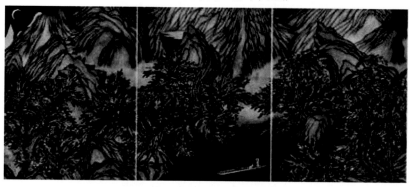

圖 4-33b，姚瑞中《山水畫》。

圖 4-34　柴一茗《西遊記之二》

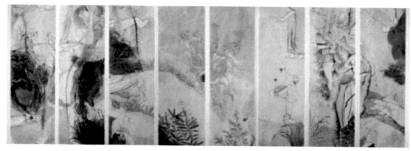

圖 4-34，柴一茗《西遊記之二》。

圖 4-35　孫寬《蘇州園林》　　　　圖 4-36　賈又福《晚秋》

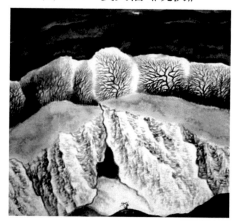

圖 4-35，孫寬《蘇州園林》:《當代中國畫名家作品選孫寬》，古吳軒出版，2005 年版。

圖 4-36，賈又福《晚秋》:《賈又福 6．山鄉情懷美哉仙鄉》，榮寶齋出版社，2012 年版，第 8 頁。

二、山水畫中的近似構成應用

近似構成分為形狀的近似、骨格的近似。

（一）形狀的近似

兩個形象如果屬同一族類，它們的形狀均是近似的，形體結構相似，分為形質相近構成、形的方向相似構成、形的質量相似構成。

1. 元素和基本形近似構成

點、線、面作為構成元素和基本形同時在畫面出現時，它們之間因差別性太強就造成對比，當對比過大時，就容易造成形式的鬆散、瑣碎、龐雜混亂，因此造成彼此不和諧，這時就需要近似構成重組使其產生調和的效果。近似構成主要以下特點：

（1）形體結構相似的如圓點（面）派生的、橢圓點（面）、扁圓點（面）、長橢圓點（面）、扁橢圓點（面）等，波折線構成的 V、Z、N、M、W，正方形面漸變出來的長方形面、凹、凸、⌐，曲線 S 線派生出來的 §形線橫向波折線，所以這些圖具有近似特徵。

（2）點線面形體性質相近構成的元素：垂直線、水平線、斜線與正方形面、長方面、扁方形的輪廓線都是直線類性質；弧線、短弧線點、波浪曲線、與橢圓形面，桃形面的輪廓線都是曲線類性質，都有線、面的相似特徵。

（3）形的方向相似，垂直線、縱弧線、長方形面、短垂直線點，縱波折線都是縱向；斜線、斜弧線、斜波線、斜長方形都是同向傾斜，也可以造成近似特徵。

（4）形的質量相似、如粗矩形與粗自由線、面等也有近似特徵。

圖 4-37 羅平安《無題》，整個畫面都採用斜短直線和橫短直線的形體性質相似的手法。使畫面統一在黃土高原沉靜、靜穆的氣氛中。

圖 4-38 周韶華《大漠清流》，作品採用的面和線都成弧形構成，同時取得形體相似的效手法，從而達到統一畫面的作用。

圖 4-39a 石魯《黃河兩岸渡春秋》，畫面中的書法和樹、山都採用形質相似挫筆書法的方式來寫出，使畫即又張力，在亂而不亂中又達到筆法和畫法的和諧效果；圖 4-39b 石魯《華山松風》，的創作手法亦非常相似。

圖 4-40 賈又福《山鄉聽情》，是典型的形體結構相似構成。用兩個大點面從小往上增大來指向畫面的主題。同時兩個點的張力移動加強了六隻羊與兩羊一人的在兩點間的聯繫，並達到統一和諧的效果。

　　圖 4-41 賈又福《穀場兒戲》，採用幾個近似構成的大點，形成近似面的（草堆）起烘托畫面的作用，突出畫面中重複構成的主題人物的旋律。這時近似構成的草堆起到背景音樂的聲音作用。他又有點像音樂裏的主題變奏曲。

　　圖 4-42 周韶華《三兄妹》，採用形的近似構成中的點和色彩的明度的處理方法，襯托出中間大橢圓石上的三隻小羊。

圖 4-37　　羅平安《無題》

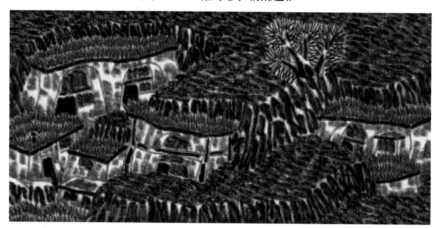

　　圖 4-37，羅平安《無題》：魏廣君主編，《華美典雅卷》，河北美術出版社，2007 年版，第 100 頁。

圖 4-38　　周韶華《大漠清流》

　　圖 4-38，周韶華《大漠清流》：張曉豐編，《藝術之巔　最具學術價值和創新精神藝術家3》，北京：中國民族攝影藝術出版社，2013 年版，第 5 頁。

圖 4-39a　石魯《黃河兩岸渡春秋》　　圖 4-39b　石魯《華山松風》

圖 4-39a，石魯《黃河兩岸渡春秋》：石丹著，《石魯》，石家莊：河北教育出版社，2003 年版，第 252 頁。

圖 4-39b，石魯《華山松風》：石魯繪，《中國近現代名家畫集・石魯》，北京：人民美術出版社，1996 年版，第 193 頁。

圖 4-40　賈又福《山鄉聽情》

圖 4-40，賈又福《山鄉聽情》：參見賈又福作品—推薦作品—藝術中國（china.cn）。

圖 4-41　賈又福《穀場兒戲》　　　　圖 4-42　周韶華《三兄妹》

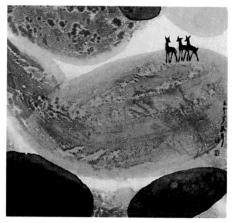

圖 4-41，賈又福《穀場兒戲》：《賈又福 4·山鄉情懷故土之戀》，北京：榮寶齋出
　　　版社，2012 年版，第 212 頁。

圖 4-42，周韶華《三兄妹》：參見周韶華官方網站—雅昌藝術家網（artron.net）。

2. 骨骼的近似構成

　　骨格可以不是重複構成而可以是近似的構成，近似構成骨格單位的形狀
大小有一定相似的變化。圖 4-43 羅平安《無題》（局部），樹的結構和豎橫皴
點，就採用的是無作用骨骼構成。

圖 4-43　羅平安《無題》（局部）

圖 4-43，羅平安《無題》（局部）：魏廣君主編，《華美典雅卷》，石家莊：
　　　河北美術出版社，2007 年版，第 104 頁。

三、山水畫中的漸變構成應用

　　漸變構成在中國山水畫中也存在兩種構成方式，一種是骨骼的漸變方式和圖元素的漸變方式。漸變構成的方法也多種多樣。

　　形漸變方法有：1. 形狀漸變；2. 大小漸變；3. 方向漸變；4. 位置漸變；5. 色彩漸變。

　　骨骼漸變方法有：1. 單元漸變；2. 雙元漸變；3. 等級漸變；4. 折線漸變；5. 聯合漸變和陰陽漸變。

（一）骨骼漸變定義

　　「骨骼線位置通過依據數列規律和美學原則逐步、有規化的循序變動。」〔註23〕

　　在山水畫裏常常用點、線（筆墨）元素和獨立形的重複，以及漸變的形似置入無作用骨骼，或有作用骨骼中來突出畫面的體積空間，或以此來豐富畫面的內容，或強化、或強調主題。同時畫家常常在山水畫中用一種特殊的漸變法「霧遠」來處理畫面的空間，達到一種漸變的效果。如在山水畫處理山、樹的舉例時。這時「霧遠」就成了元素漸變的橋樑。

　　圖 4-44《大嶽雄風》，採用音樂旋律二部曲變奏的漸變構成形式，是畫面的三組石頭山布置生動而有趣。

　　圖 4-45 林龍成《深秋》、圖 4-46 梁棟材《乾坤》採用陰陽漸變的方式，形成反轉的藝術效果。

　　圖 4-47 崔振寬《山居》，採用平面構成中點的「漸變規律骨骼」，按照點的疏密、虛實漸變關係塑造陝北橫山的景色。

　　圖 4-48 吳冠中《民居》，一畫採用平面構成點的「漸變規律骨骼」，把房子按照基本元素，組成的獨立形漸變方式，並且以此組成一幅現代江南山水畫。

　　圖 4-49 周韶華《春潤》，用線漸變表現，將梯田與骨骼一道塑造出江南山水的新國畫。梯田線與山的面形成強烈的對比。

　　圖 4-50 羅平安的《山水畫》，利用點作為基本形，同時利用「無作用骨骼」將由進到遠的大小三角點漸變至於雪山頂，並通過點的密集突出主題。

〔註23〕胡雲斌：《平面構成》，北京：人民美術出版社，2010 年版，第 68 頁。

圖 4-44　《大嶽雄風》　　　　　圖 4-45　梁棟材《乾坤》

圖 4-44，賈又福《大嶽雄風》：《賈又福 8・大道之行　以石觀化》，北京：
　　　　榮寶齋出版社，2012 年版，第 51 頁。

圖 4-45，梁棟材《乾坤》：國際水墨雙年展。

圖 4-46　林龍成《深秋》

圖 4-46，林龍成《深秋》：國際水墨雙年展。

圖 4-47　崔振寬《山居》　　　圖 4-48　吳冠中《民居》

圖 4-47，崔振寬《山居》：參見崔振寬崔振寬高清書畫書法國畫油畫字畫真蹟掃描
　　　大圖資料下載網│高清書畫圖庫三典軒書畫網（3zitie.cn）。

圖 4-48，吳冠中《民居》：《中國近現代名家畫集·吳冠中》，北京：人民美術出版
　　　社，1996 年版，第 62 頁。

圖 4-49　周韶華《春潤》　　　圖 4-50　羅平安《山水畫》

 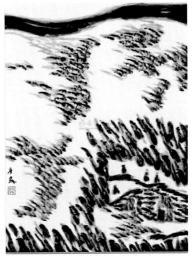

圖 4-49，周韶華《春潤》：《大家之路——周韶華》，濟南：山東美術出版社，2006
　　　年版。

圖 4-50，羅平安《山水畫》。

（二）元素和基本形漸變構成

1. 形狀漸變

由該形象 A 逐漸變成為形象 B。方法一般用對一個形的壓縮、削減、位
移或兩個形公用一個邊緣等手法實現從一個形到另一個形的轉化。

　　圖 4-51 賈又福《晚秋》，利用山石形狀漸變由一個形態逐漸變化為另一個形態。採用對一個形的壓縮和擴張、實現從一個形到另一個形的轉化。使前伸的氣力往回收，把上部山形往左回收一些，以應彎月緩行之勢，並有山石跟著月亮走的心理感覺。圖 4-52 賈又福《霞光》的處理手法也非常類似。

圖 4-51　賈又福《晚秋》

圖 4-51，賈又福《晚秋》：參見夢思圖—中國書畫／國畫／國畫—名家賈又福作品賞析—賈又福官網【蘭亭雅薈】（lantingyahui.com）。

圖 4-52　賈又福《霞光》

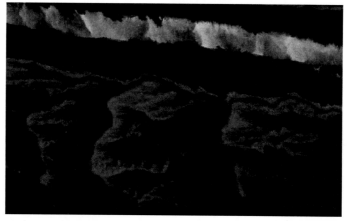

圖 4-52，賈又福《霞光》：《賈又福 7．大嶽放歌　太行高處》，北京：榮寶齋出版社，2012 年版，第 90 頁。

2. 大小漸變

依據近大遠小的透視原理，將基本形作大小序列的變化，給人以空間感和運動感。

圖 4-53a 至圖 4-53b、圖 4-53c 系列，是宋代李唐的《萬壑松風》，該畫的松樹畫法採取松樹的松葉（基本形）的漸變構成來遠、中、近的差異。同時中景樹和近景樹用漸變骨骼方向的形式突出畫面的結構。

圖 4-53a	圖 4-53b	圖 4-53c
《萬壑松風》近景松葉	《萬壑松風》中景松葉	《萬壑松風》遠景松葉

圖 4-53a，《萬壑松風》近景松葉：林海鍾著，《名畫臨摹技法：萬壑松風圖》，南寧：廣西美術出版社，2000 年版。

圖 4-53b，《萬壑松風》中景松葉：林海鍾著，《名畫臨摹技法：萬壑松風圖》，南寧：廣西美術出版社，2000 年版。

圖 4-53c，《萬壑松風》遠景松葉：林海鍾著，《名畫臨摹技法：萬壑松風圖》，南寧：廣西美術出版社，2000 年版。

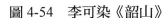
圖 4-54　李可染《韶山》

圖 4-54，李可染《韶山》：《李可染全集（山水卷）》，天津：天津人民美術出版社，1998 年版。

　　圖 4-54 李可染《韶山》，中的三角形的樹木也採用透視漸變法從大（近）向小（遠）漸變。

　　圖 4-55 李新聲《白樺林》，用單元素基本形漸變的方式來穿插畫面的空間。

　　圖 4-56 陳平《山水畫》，山是梯形向一個鈍角三角形漸變，同時用單元素基本形構成的兩組雲彩漸變的手法，來盤活山體僵硬的空間。

圖 4-55　李新聲《白樺林》　　　　圖 4-56　陳平《山水畫》

圖 4-55，李新聲《白樺林》：參見西苑畫社—李新聲繪畫作品#9（taissc.net）。

圖 4-56，陳平《山水畫》：《龍瑞　王鏞　陳向迅　趙衛　陳平　盧禹舜畫選》，上海：上海書畫出版社，1990 年版。

3. 方向漸變

　　將基本形作方向、角度的序列變化。從而使畫面產生起伏變化，增強立體感和空間感。

　　圖 4-57 吳冠中《水鄉民居》，把民居的房頂當作點，利用一個中心的方向按近大遠小透視規律向畫面上方漸變，表現了水鄉簡約清新的民風。

　　圖 4-58 吳冠中《水鄉》，以兩棵樹為圓心，以鄉民居房頂作點，形成同心圓似的點狀漸變構成，表現了水鄉熱鬧繁雜的場面。

　　圖 4-59 魏紫熙《黃山高秋》，幾乎採用的是幾何三角形向左上漸變推移，由於雲彩的穿插，使畫面形成即變化又不太僵硬的境界。

圖 4-57　吳冠中《水鄉民居》

圖 4-57，吳冠中《水鄉民居》。

圖 4-58　吳冠中《水鄉》　　　　　圖 4-59　魏紫熙《黃山高秋》

圖 4-58，吳冠中，《中國近現代名家畫集・吳冠中》，北京：人民美術出版社，1996
　　　年版，第 105 頁。

圖 4-59，魏紫熙，《黃山高秋》，北京：人民美術出版社，2005 年版，第 53 頁。

4. 位置漸變

　　將基本形在畫面中或以骨骼單位的位置作有序的變化，這種漸變構成使畫面產生起伏波動的視覺效果。

　　圖 4-60a 賈又福《無題》、圖 4-60b 賈又福《牧歸》的雲彩都採用位置漸變的構成模式：將基本形在畫面中的位置作有序的變化。

　　圖 4-61a 賈又福《牧歸》，畫中的紅雲和白石採用位置漸變和對稱的雙重手法，畫面分兩組構成從一正一反兩個方向變化移動，使整個畫面產生氣韻生動的效果。圖 4-61b 賈又福《山水》也幾乎採用圖 4-61a 手法，兩組白石頭顯得較為穩定，而紅雲的動勢不如圖 4-61a 的紅雲生動，整個畫面較為中規中矩。

圖 4-60a　賈又福《無題》　　　　　圖 4-60b　賈又福《牧歸》

圖 4-60a，賈又福《太行牧歌》，漸變，重複構成：《賈又福 2・山鄉牧歌》，成都：四川美術出版社，2008 年版，第 142 頁。

圖 4-60b，賈又福《無題》：《賈又福 7・大嶽放歌　太行高處》，北京：榮寶齋出版社，2012 年版，第 217 頁。

圖 4-61a　賈又福《牧歸》　　　　　圖 4-61b　賈又福《太行風情》

圖 4-61a，賈又福《朝暉圖》：《賈又福 7・山鄉情懷》，北京：榮寶齋出版社，2012 年版，第 78 頁。

圖 4-61b，賈又福《太行風情》：《賈又福 6・山鄉情懷　美哉仙鄉》，第 70 頁。

5. 色彩漸變

在色彩中，色相、明度、純度都可以作出漸變的效果，並會產生有層次的美感。

圖4-62李可染《山水畫》，利用墨的色彩漸變，推出了整座山的空間，使空間對比得到很大的提高。

圖4-63李可染的《頤和園寫生圖》，利用墨色漸變，後重前淡的漸變手法，推出了整座山的空間，使空間對比得到很大的提高。

圖4-64李可染《井崗山》，採用漸變相間的關係拉開了山水畫的空間。

圖4-65賈又福《無邊心潮》，採用大小和方向兩種漸變方式。使畫面流動而自然，讓欣賞者也感到無比輕鬆和愉悅。

四、山水畫中的發射構成應用

一個發射點的構成是把基本形輸入到發射骨格中，逐漸向外成發射排列，完成後可把中心點保留或者遮蓋隱去（見圖4-66、圖4-67、圖4-68）。

圖4-66周韶華《魚》，作品採用向心式發射構成，這個構成基本形依照骨格的方向向外向心迫近，體現出一種向心的張力。

圖4-62　李可染　　　圖4-63　李可染　　　圖4-64　李可染
　《山水畫》　　　　　《頤和園寫生圖》　　　《井崗山》

圖4-62，李可染《山水畫》：《李可染全集（山水卷）》，天津：天津人民美術出版社，1998年版。

圖4-63，李可染《頤和園寫生圖》：《李可染全集（山水卷）》，天津：天津人民美術出版社，1998年版。

圖4-64，李可染《井崗山》：《李可染全集（山水卷）》，天津：天津人民美術出版社，1998年版。

圖 4-65　賈又福《無邊心潮》

圖 4-65，賈又福《無邊心潮》：賈德江著，《當代畫壇十大家》，北京：北京工藝美術出版社，2011 年版，第 27 頁。

圖 4-66　周韶華《魚》　　　　圖 4-67　何哲生《周韶華像》

圖 4-66，周韶華《魚》。

圖 4-67，何哲生《周韶華像》：參見誠懷問道──何哲生油畫展──四川藝術網（zgscys.com）。

圖 4-68　賈又福《洗禮圖》

圖 4-68，賈又福《洗禮圖》：聞章著，《大化如花——賈又福以石觀化的心靈來歷》，北京：中國發展出版社，2014 年版，第 250 頁。

圖 4-69　魏紫熙《黃洋界》

圖 4-69，魏紫熙《黃洋界》：彭麗主編，《藝苑風采‧中國書畫名家集粹》，石家莊：河北美術出版社，2016 年版，第 257 頁。

　　圖 4-67 何哲生《周韶華像》，作品中的太陽採用離心式發射構成，發射骨格中發射方向都向外，從中心出發而朝外分散向各方，由於是線構成的基本形，各種線都具有它們本身的特性，因此畫面構成同樣也表現了這些特性。如

由直線的基本形構成的發射構成，是像光芒一樣向外發射，而弧線的構成就比較柔和而富有變化。

圖 4-68 賈又福《洗禮圖》，採用旋轉發射構成，是一種離心發射構成的一種變種形式。輕重兩組發射構成，使畫面即生動而又有主次。

圖 4-69 魏紫熙《黃洋界》，畫面的三角形即向上發射，同時還由左向右上作漸變。

五、平面設計與山水畫中的特異構成關係

特異構成指在有秩序構成要素關係裏，有意違反秩序，使少數要素顯得突出，使畫面表現形式實現平常手段意想不到的效果，這種構成以「出奇制勝」。

（一）基本形的特異

1. 大小特異——改變基本形大小

圖 4-70a 周韶華《別有洞天》和圖 4-70b 周韶華《無題》都採用萬綠叢中一點紅的美學，以特異原則突出畫面，成為全畫的審美重點。

圖 4-71 賈又福《太行牧趣》，把路變成一條特異構成的線，放在兩個白色三角其中一個更尖銳角裏，改變了點、線、面基本形同質的關係，起到突顯主題的作用。

圖 4-70a　周韶華《別有洞天》

圖 4-70a，周韶華《別有洞天》：《大家之路——周韶華》，濟南：山東美術出版社，2006 年版，第 19 頁。

圖 4-70b　周韶華《無題》

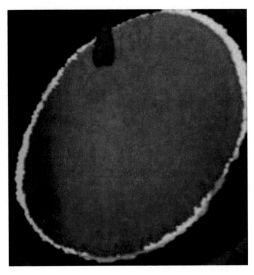

圖 4-70b，周韶華，《無題》，武漢：武漢出版社，2016 年版，第 91 頁。

圖 4-71　賈又福《太行牧趣》

圖 4-71，賈又福《太行牧趣》：參見強調開拓深化寫生，賈又福山水畫獨
　　樹一幟，內含新境界（baidu.com）。

2. 位置特異──改變位置

圖 4-72 周韶華《山水畫》，圖 4-73 周韶華《波斯商賈渡流沙》、通過拉開位置，形成特異現象，起到突出了畫面主題之用。

圖 4-72　周韶華《山水畫》　　　圖 4-73　周韶華《波斯商賈渡流沙》

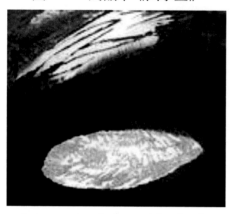

圖 4-72，周韶華《山水畫》：《大家之路──周韶華》，濟南，山東美術出版社，2006 年版，第 20 頁。

圖 4-73，周韶華《波斯商賈渡流沙》：參見周韶華官方網站─雅昌藝術家網（artron.net）。

3. 形狀特異──改變形狀

圖 4-74 周韶華《山水畫》，通過改變樹木的形狀，形成特異構成。使觀賞者把注意力集中到該點上，從而實現突出主題的作用。

圖 4-74　周韶華《山水畫》

圖 4-74，周韶華《山水畫》：參見周韶華，作品就是力量（105 幅）（sohu.com）。

4. 方向特異——改變基本形的方向

　　圖4-75王曉《臥遊雪原心自潔》，有三分之二的山成豎結構，氣韻往上走突然來了個橫面轉向，改變了畫面往上走的氣韻趨勢向回轉，頗有「回眸一笑百媚生」的構成美。

圖 4-75　王曉　　　　　　　　　圖 4-76
《臥遊雪原心自潔》　　　　　周韶華《風搖沙柳》

圖 4-75，王曉《臥遊雪原心自潔》。

圖 4-76，周韶華《風搖沙柳》。

圖 4-77　周韶華《千載難逢》

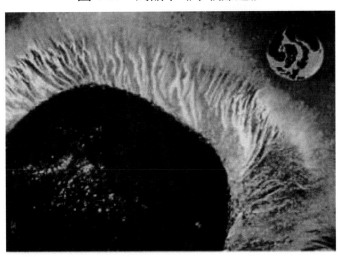

圖 4-77，周韶華《千載難逢》：周韶華官方網站—雅昌藝術家網（artron.net）。

圖 4-76 周韶華《風搖沙柳》，柳樹主幹本來傾斜往對角方向走，小枝也應向相應的方向走，突然成 90 度左邊飄起，它改變沙柳枝條的方向，突出了沙漠環境下柳樹頑強不曲的生命主題。

（二）肌理特異——改變基本形的質感及紋理特異構成

圖 4-77《千載難逢》，在大多數的秩序關係中，安排少數違反秩序的形態。目的在於突出焦點，打破單調的畫面，造成動感及突出趣味中心的效果。

六、山水畫中的密集構成應用

密集的分為，點的密集和線的密集，以及點、線的綜合密集和自由密集等。

（一）點的密集

在設計和繪畫應用中將一個概念性的點放於構圖上的某一點，基本形在組織排列上都趨向於這個點密集，愈接近此點愈密，遠離此點愈疏。中國山水畫的密集是以山水畫的皴法分為有作用骨骼和無作用骨骼展開的密集構成方式。現代山水畫則有以抽象點組織成一個基本形然後在組織排列上都趨向於這個點密集。

圖 4-78 李玲《厚土情》，圖 4-79a 崔振寬《山水畫 1》，圖 4-79b 崔振寬《山水畫 2》，圖 4-80a《山水畫 3》，圖 4-80b 崔振寬《山水畫 4》都是用點的虛實、疏密濃淡手法，形成點的「密集構成」山水畫。

圖 4-78　李玲《厚土情》

圖 4-78，李玲《厚土情》：國際水墨雙年展。

圖 4-79a　崔振寬《山水畫 1》　　　圖 4-79b　崔振寬《山水畫 2》

圖 4-79a，崔振寬《山水畫 1》，焦墨意向（namoc.org）

圖 4-79b，崔振寬《山水畫 2》：李德仁主編，《蒼茫高古卷》，石家莊：河北美
　　術出版社，2007 年版，第 23 頁。

圖 4-80a　崔振寬《山水畫 3》

圖 4-80a，崔振寬《山水畫 3》：崔振寬—秦寶齋 2014 年春季藝術品拍賣會—秦
　　寶齋—拍品價格—圖片—拍賣專場—拍賣會預展—拍賣會結果—卓
　　克拍賣頻道（zhuokearts.com）。

圖 4-80b　崔振寬《山水畫 4》

圖 4-80b，崔振寬《山水畫 4》：李德仁主編，《蒼莽高古卷》，石家莊：河
北美術出版社，2007 年版，第 20 頁。

　　圖 4-81 吳冠中《燕子飛來尋故人》，採用方點的方式表現房屋，通過近大
遠小的漸變組合，表現了江南魚米之鄉的生活景象

　　圖 4-82 羅平安《山水畫》，採用豎點和橫點的近 90 度的構成，使畫面顯
得很平靜。

圖 4-81　吳冠中《燕子飛來尋故人》　　　　圖 4-82　羅平安《山水畫》

圖 4-81，吳冠中《燕子飛來尋故人》：陳傳席著，《畫壇點將錄‧評現代名家與
大家》，北京：中國青年出版社，2015 年版，第 305 頁。

圖 4-82，羅平安《山水》：參見羅平安—西安中國畫院（xazghy.cn）。

　　圖 4-83a 余友涵《無系列》（用丙烯顏料表現的中國畫形式，作品以點為主）以橢圓點密集，形成了一幅如詩如幻的畫卷。

　　圖 4-83b 王子璿《心照》，用丙烯顏料表現的中國畫形式，作品以點為主，該畫以點來表現肌理，通過密集構成呈現出心照之景。

　　圖 4-84 林逸鵬《熱帶雨林的故事》，利用方點的形式表現樹木形成重複密集構成，畫面體現了熱帶雨林的茂和繁雜森林覆蓋情景，這種構成體現了中國畫論密不容針的創作手法。

圖 4-83a　余友涵《無系列》　　　　**圖 4-83b　王子璿《心照》**

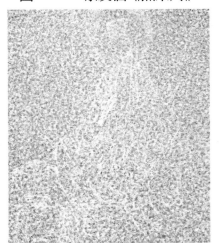 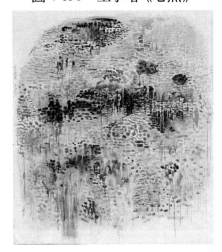

圖 4-83a，余友涵《無系列》。

圖 4-83b，王子璿《心照》：參見余友涵回顧展，《庫藝術》十年抽象文獻研究之個案藝術家｜余友涵（sohu.com）。

圖 4-84　林逸鵬《熱帶雨林的故事》

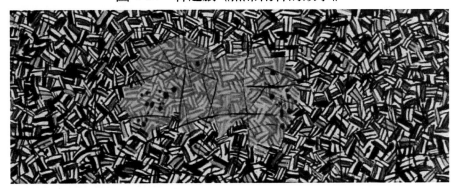

圖 4-84，林逸鵬《熱帶雨林的故事》：參見當代藝術教育、生態與走向：林逸鵬教授專訪（sohu.com）。

（二）線的密集

在構圖中有一根結構線，基本形向該線密集靠攏，也就是隨著在該線結構上密集，密集時點或線離該線中心結構愈遠則基本形愈疏。

圖 4-85a　馬繼忠《山水畫》　　　圖 4-85b　馬繼忠《雜灌清風圖》

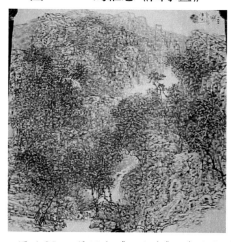 

圖 4-85a，馬繼忠《山水畫》：參見密體畫工作室導師馬繼忠與他的山水畫—中
　　國（sohu.com）。

圖 4-85b，馬繼忠《雜灌清風圖》：參見密體畫工作室導師馬繼忠與他的山水畫
　　—中國（sohu.com）。

圖 4-86　　　　　　　　　　　　　圖 4-87
周韶華《雲南元陽梯田》　　　　　倪再沁《在大海中飄遊》

圖 4-86，周韶華《雲南元陽梯田》：參見周韶華官方網站—雅昌藝術家網
　　（artron.net）。

圖 4-87，倪再沁《在大海中飄遊》：《藝術家》，2004 年第 1 期，總第 344 期。

　　圖 4-85a、圖 4-85b 是我山水畫啟蒙老師馬繼忠先生的作品：作品為《山水畫》和《雜灌清風圖》，馬先生採用按山石樹木結構來組織線條的疏密關係，並以此形成結構對比形的密集構成。

　　圖 4-86 周韶華《雲南元陽梯田》，採用毛筆自由曲線按結構密集的方式組成了一幅山水畫。

　　圖 4-87 倪再沁《在大海中飄遊》，採用近似自由幾何曲線密集構成了山石的肌理，開闢了平面構成自由幾何曲線入畫的新形式。

（三）點、線、面的綜合密集

　　在繪畫中往往並非採用單一的密集構成形式，特別是在較為複雜的山水畫構成中，往往把點、線、面密集的法則都運用到畫面的處理中，形成一種綜合性密集處理特徵。在歷史上的畫家如像王蒙、髡殘和石濤皆善於用此類法則；當代畫家黃秋園、馬繼忠、崔振寬也皆擅長運用此類表現方法。

<table>
<tr><td align="center">圖 4-88
〔清〕髡殘《綠樹聽鸝圖》</td><td align="center">圖 4-89
〔清〕石濤《山水清音圖》</td></tr>
</table>

圖 4-88，〔清〕髡殘《綠樹聽鸝圖》：趙洪軍，《髡殘繪畫作品編年圖錄》，天津人民美術出版社，2018 年版，第 182 頁。

圖 4-89，〔清〕石濤《山水清音圖》：啟功主編，《中國歷代繪畫精品：山水卷·墨海瑰寶》，濟南：山東美術出版社，2003 年版，第 339 頁。

　　圖 4-88、圖 4-89、圖 4-90、圖 4-91《綠樹聽鸝圖》、《山水清音圖》和崔振寬的《山水畫》，以及耿齊的《亙古回聲》採用點、線、綜合構成的密集方式組成的山水畫。

圖 4-90　崔振寬《山水畫》

圖 4-90，崔振寬《山水畫》。

圖 4-91　耿齊《亙古回聲》

圖 4-91，耿齊《亙古回聲》：施大畏著，《第十一屆全國美術作品展覽　中國畫作品集》，北京：人民美術出版社，2009 年，第 271 頁。

（四）自由密集

在構圖中，基本形按照一個概念形似組織運動，遵照一定的結構形式，沒有具體規律作結構性密集，基本形在此類繪畫中疏密變化也比較微妙。

遊魚圖4-92a、圖4-92b、圖4-93：《假山遊魚》《雞冠花》《沱沱河》都採用的是自由曲線的密集組的兩種不同形式的山水畫，《假山遊魚》的線雖自由，但有些機械些，表現了「假山」和「遊魚」的假，表現畫家用現代藝術對後工業化的一種批判。

圖4-94a、圖4-94b劉金芝《浮遊夢境》，採用肌理構成的線密集方式，整個畫面給人以「太虛尋遊」般的夢幻感覺。圖4-94b《浮遊夢境》則有一種尋道升仙的感覺。

<table>
<tr><td align="center">圖 4-92a
孟昌明《假山遊魚》</td><td align="center">圖 4-92b
孟昌明《雞冠花》</td></tr>
</table>

圖4-92a，孟昌明《假山遊魚》：參見孟昌明書畫作品欣賞（baidu.com）。

圖4-92b，孟昌明《雞冠花》：參見孟昌明書畫作品欣賞（baidu.com）。

圖 4-93　周韶華《沱沱河》

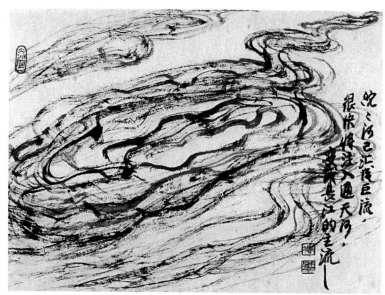

圖 4-93，周韶華《沱沱河》：《江山如此多嬌》，天津：天津人民美術出版社，2012 年版。

圖 4-94a　劉金芝《浮遊夢境》　　　　圖 4-94b　劉金芝《浮遊夢境》

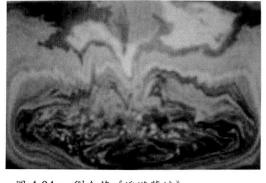 

圖 4-94a，劉金芝《浮遊夢境》。

圖 4-94b，《意象山水畫》：參見銘記歷史　珍愛和平「世界和平藝術家」推選人物：宏樹檀，第 257 期——中國（sohu.com）。

七、山水畫中的對比構成應用

　　對比有時候是形態上的對比，有時是色彩和質感的對比。對比會出現明朗、肯定、強烈的視覺藝術特徵，給人印象強烈且耐記憶。自然界中充滿了對比，比如：藍天白雲、白天黑夜、紅花綠草都是對比。從對比構成關係看，還

包括：大小、明暗、銳鈍、輕重等等。

對比的分類：

（一）形狀的對比

完全不同的形狀，固然會形成強烈的對比關係，一般繪畫創作中多注意統一和協調。

圖 4-95 周韶華的山水畫採用三角形與長方形的對比、突出了三角形，長方形起到伴音的效果。

圖 4-95　周韶華《西部山水畫》

圖 4-95，周韶華《西部山水畫》。

（二）大小的對比

形狀在畫面的面積大小不同，線的長短不同等，所形成的對比圖畫構成。

圖 4-96a 周韶華《任重道遠》，圖 4-96b 周韶華《火州圖》（畫面採用點、線、面對比，同時畫面與白雲和六隻駱駝又是大小對比關係和點、線、面關係，赭石色與墨色、留白又形成色彩對比關係，讓作為點景的駱駝更醒目了。題款的墨色與駱駝色又是濃淡對比達到調和畫面的關係。

圖 4-97 周韶華的《氣韻的旋律》和圖 4-98 尹毅的《水中樂章》，一個採用傘蓋狀山與傘形樹形成大小對比、並以來去的結構趨勢相互穿插推遠畫面。另一個則採用石頭的大小組合，按照西畫的數理排列，體現了水中卵石的形態和旋律。

圖 4-96a　周韶華《任重道遠》

圖 4-96a，周韶華《任重道遠》：參見長江畫派，湖北四老之周韶華
（baidu.com）。

圖 4-96b　周韶華《火州圖》

圖 4-96b，周韶華《火州圖》：《大家之路──周韶華》，濟南：山東美術出版社，
2006 年版，第 46 頁。

圖 4-97　　　　　　　　　　　　　圖 4-98
周韶華《氣韻的旋律》　　　　　　尹毅《水中樂章》

圖 4-97，周韶華《氣運的旋律》：參見周韶華官方網站—雅昌藝術家網（artron.net）。

圖 4-98，尹毅《水中樂章》：國際水墨雙年展。

（三）色彩的對比

色彩由於色相、明暗、濃淡、冷暖不同所產生的對比。中國畫有一套自己的色彩體系，包括原色與間色相關的二次色、三次色體系。本節可參閱彭德著《中華五色》，現代觀念色彩的對比主要是以西方主導下的設計體系，由於傳統色教育體系的普及不夠，以及學校對傳統色彩體系不夠重視，使傳統色彩思維應用到現代繪畫中的成分很少。現在大部分人都是用西方色彩觀察方法來分析傳統山水畫構成的，以及用西方色彩的邏輯方法來闡釋中國現代山水畫的。

圖 4-99 周韶華《星河》，畫面的紅色樹葉與整個畫面形成冷暖對比，使用畫面響亮而沉靜。

圖 4-100 錢松嵒《梅園》，整個畫面上採用墨色對比，比如紅色的房子，墨色的樹；同時又用同類色達到調和畫面的作用。另一方面用色彩的漸變功能起烘托主題，比如前景的鮮紅，到中景的朱砂以及背景的淡淡紅色的樹，同時該畫線墨與線色、線面又形成多層、反轉、對比調和的複雜關係。

圖 4-101 黃名芊《山水畫》，採用單色明暗對比，表現了月夜的純靜。

圖 4-102 賈又福《太行山》，畫面採用色相：黃色與黑色或叫墨色對比。同時它又是一種明暗、濃淡等對比關係和廣義的冷暖關係。

圖 4-99　周韶華《星河》　　　圖 4-100　錢松喦《梅園》

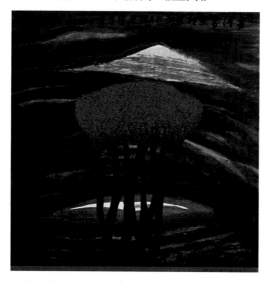

圖 4-99，周韶華《星河》：參見周韶華官方網站—雅昌藝術家網（artron.net）。

圖 4-100，錢松喦《梅園》：《錢松喦畫選》，蘭州：甘肅人民美術出版社，1984
　　年版。

圖 4-101　黃名芊《山水畫》

圖 4-101，黃名芊《山水畫》：參見踏月歸｜藝評百科（ping99.com）。

圖 4-102 賈又福《太行山》

圖 4-102，賈又福《太行山》:《賈又福 7·大嶽放歌 太行高處》，北京:榮寶齋出版社，2012 年版，第 207 頁。

圖 4-103 張憑《家住太行懸崖間》

圖 4-103，張憑《家住太行懸崖間》:參見張憑國畫作品《家在太行巔》——字畫之家 (zihuazhijia.com)。

圖 4-103 張憑山水畫《家住太行懸崖間》，畫面採用墨和色的雙重明暗功能使畫面更生動地突出了主題。

圖 4-104 周韶華《扎陵之春》，草坡的黃色和藍色形成冷暖對比，同時綠色與藍色又形成同類色對比。

圖 4-104　周韶華《扎陵之春》

圖 4-104，周韶華《扎陵之春》：周韶華官方網站—雅昌藝術家網（artron.net）。

（四）肌理的對比

不同的肌理，如粗細、光滑紋理的凹凸感，皆可以所產生不同的對比。相傳孫權在自己的書房中新添了一道屏風，精美的木架上蒙了雪白的絹素。畫家曹不興應召為其在絹素上配畫。曹不興拿起筆，蘸了墨，準備作畫。一不留神，毛筆誤點一個小墨點。旁邊的人都惋惜道：敗筆，真可惜。曹不興對著小墨點仔細端詳了片刻，不慌不忙把小墨點改畫成了一隻蒼蠅，再在旁邊畫了放多花花草草。圍觀的人驚歎不已。後來孫權觀賞這幅畫時，發現了畫中這隻蒼蠅，想趕走它，便伸手去彈了幾下，可是蒼蠅並沒有飛走，他很是疑惑，再仔細一看，方知道是曹不興畫上去的，忍不住贊道：「實乃神來之筆」。可見中國古代畫家很早就注意了肌理的應用。

圖 4-105 劉國松《#0274》，採用肌理和平塗的對比。

圖 4-106 王伊楚《心海》，通過不同的肌理和色彩形成主次關係。

圖 4-107 田曉磊《山海經系列——風》，採用頭髮與寫實山石形成對比。

圖 4-105　劉國松《#0274》

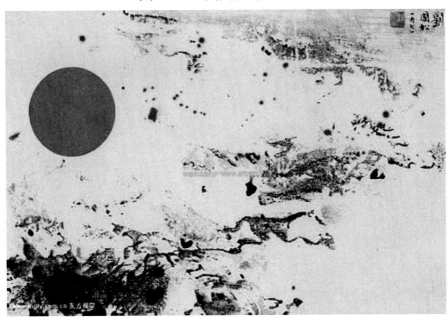

圖 4-105，劉國松《#0274》：國際水墨雙年展。

圖 4-106　王伊楚《心海》　　　　圖 4-107　《山海經系列──風》

圖 4-106，王伊楚《心海》：國際水墨雙年展。

圖 4-107，《山海經系列──風》：國際水墨雙年展。

（五）位置的對比

畫面中形狀的位置不同，如上下、左右、高低等不同位置所產生的對比。

趙孟俯的《鵲華秋色圖》畫面運用了風水學裏的土形山和火山形成左右對比併寓意土生火之意（見第三章圖 3-16 趙孟俯的《鵲華秋色圖》）。

圖 4-108　孟昌明《假山・魚》（組畫）

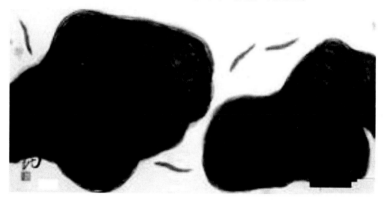

圖 4-108，孟昌明《假山・魚》（組畫）：參見孟昌明官方網站—雅昌藝術家網（artron.net）。

圖 4-109　《不覺寒山月上時》

圖 4-110　（梁）碩《渣記》

圖 4-109，賈又福《不覺寒山月上時》：李郁主編，《大岳風高・賈又福》，江西美術出版社，2011 年版，第 173 頁。

圖 4-110，（梁）碩《渣記》：參見 artspy.cn。

　　圖 4-108《假山・魚》（組畫）和圖 4-109《不覺寒山月上時》則採用左右位置對比的方式，而圖 4-110《渣記》則接近位置對比和方向特異構成，有非常強的藝術衝擊力。

（六）重心的對比

　　重心的穩定、不穩定、輕重感不同所產生的對比。

　　圖 4-111 漸江《山水畫 1》，採用四兩撥千斤金的構圖對比，形成強烈的視覺反差。這種構成讓懸崖看上去更為陡峭。

　　圖 4-112 漸江《山水畫 2》，上下偏中軸線的重心的對比顯得構圖比漸江《山水畫 1》要穩定些。

　　圖 4-113 孟昌明《假山・魚》採用相對對稱的構圖方式，使畫面的重心顯得相對穩定。

圖 4-111　漸江《山水畫 1》	圖 4-112　漸江《山水畫 2》	圖 4-113　孟昌明《假山・魚》（組畫）

  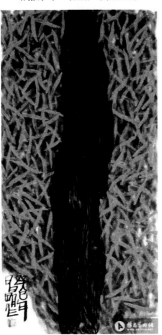

圖 4-111，漸江《山水畫 1》：參見《趙菁編，古董拍賣年鑒》（書畫卷 2013），
　　北京：中國書店，2013 年版，第 88 頁。

圖 4-112，漸江《山水畫 2》：陳傳席著，《弘仁》，石家莊：河北教育出版社，
　　2004 年版，第 75 頁。

圖 4-113，孟昌明《假山・魚》（組畫）：孟昌明官網，lantingyahui.com。

圖 4-114 孫寬《園林》，該畫的重心就像一個天秤，畫面在左重右輕的情況下，開始希望採用圍牆來實現平衡，其後再在右邊畫上一隻船，以實現畫面構成上的綜合平衡，使畫面顯得相對穩定而柔和。

圖 4-114　孫寬《園林》

圖 4-114，孫寬《園林》:《當代中國畫名家作品選孫寬》，蘇州：古吳軒出版社，2005 年版。

（七）空間的對比

平面中的正負、圖底、遠近及前後感所產生的對比。

圖 4-115《七十七年丹珠紅》，採用陰陽反轉對比結構，再用點、線、面結合濃淡構成，使畫面實現一種陰陽平衡與協調。

圖 4-116 周韶華《山水畫》，採用黑白空間對比，形成主題與背景鮮明的對比結構。

（八）虛實的對比

虛實對比關係是傳統山水畫最重要的一組關係，由於中國山水的思想內涵源於周易太極思想，中國山水畫的虛實關係要比平面構成裏的其他虛實關係更為複雜，山水畫的八卦二進制、虛實並用。虛中有實，實中有虛，而且互為反轉推動畫面的變化，最後統一在繪畫的主題形式中。

圖 4-115 林振福《七十七年丹珠紅》　　圖 4-116 周韶華《山水畫》

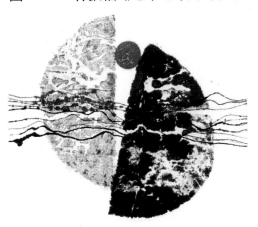 

圖 4-115，林振福《七十七年丹珠紅》：國際水墨雙年展。

圖 4-116，周韶華《山水畫》：長江畫派，湖北四老之周韶華（baidu.com）。

圖 4-117《悟》，兩聯畫的靈感皆來源於周易八卦思想的陰陽觀念，以悟道為主題。該畫把點景的人物放置在太極陰陽翻轉結構中，體現了畫中人「天人合一」的悟道和體認內容。

圖 4-118 黃賓虹《逸筆草堂》，利用太極圖原理形成、太極、太陰、太陽、少陰、少陽等陰陽、虛實變化，從而形成以點、線、面對比構成一幅逸筆草草的文人寫意山水。（該圖式結構可參見第三章「圖 3-6」的圖式分析）。

圖 4-117 田旭桐《悟》

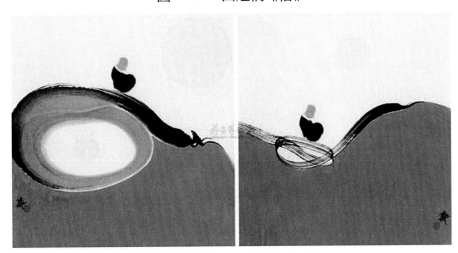

圖 4-117，田旭桐《悟》：國際水墨雙年展。

圖 4-118　黃賓虹《逸筆草堂》

圖 4-118，黃賓虹《逸筆草堂》：上海書法字畫投資回報率—中科商務網（zk71. com）。

八、山水畫中分割構成應用

分割的方式：分割的方式大體可以分為兩類，一是數列分割，二是隨意分配。

（一）數列分割

圖 4-119、圖 4-120、圖 4-121a、圖 4-121b、圖 4-122a、圖 4-122b：清代石濤《山水冊頁》、黃賓虹《條屏畫》和關仝《西岩暮色圖》、燕蕭《深山塔院圖》，以及鄭午昌《重山溪橋》、王原祁《扇面山水》等都屬於中國傳統山水畫的外結構分割形式。孫寬《碧水風荷》三聯畫吸收西畫的結構方式，運用到中國畫的外結構形式表現上。

（二）隨意分配

圖 4-125 當代葛峰《無系列》和圖 4-126 當代李綱《水墨元素》也是吸收了當代西方抽象繪畫觀念的平面分割形式，並形成新的中國畫風。

圖 4-119　〔清〕石濤《山水冊頁》

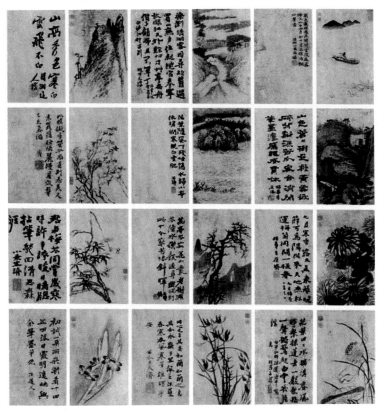

圖 4-119，〔清〕石濤《山水冊頁》：魏新河編著，《詞學圖錄》第 4 冊，
合肥：黃山書社，2011 年版，第 1286 頁。

圖 4-120　黃賓虹《條屏畫》

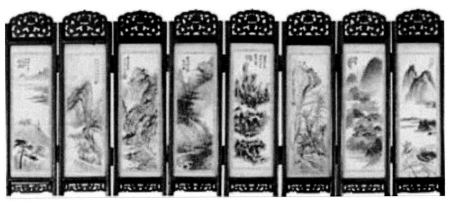

圖 4-120，黃賓虹《條屏畫》：黃賓虹（1865～1955），啟功（1912～2005）等，
山水屏｜藝典同步拍（yidianchina.com）。

圖 4-121a
〔宋〕關仝,《西岩暮色圖》

圖 4-121b
〔宋〕燕蕭《深山塔院圖》

圖 4-121a,〔宋〕關仝《西岩暮色圖》:張偉平、張雨婷著,《中國歷代山水畫
經典範本扇面冊頁》,濟南:山東美術出版社,2020 年版,第 2 頁。

圖 4-121b,〔宋〕燕蕭《深山塔院圖》:張偉平、張雨婷著,《中國歷代山水畫
經典範本扇面冊頁》,濟南:山東美術出版社,2020 年版,第 3 頁。

圖 4-122a　鄭午昌《重山溪橋》

圖 4-122a,鄭午昌《重山溪橋》齊林:張耀選編,《中國畫扇面大觀·摺扇面·
山水橋樑》,天津:天津人民美術出版社,2001 年版,第 75 頁。

圖 4-122b　王原祁《扇面山水》

圖 4-122b,王原祁《扇面山水》:《中國畫扇面大觀　摺扇面　山水橋樑》,天
津:天津人民美術出版社,2001 年版,第 52 頁。

圖 4-123　　　　　　　　　　　　　　圖 4-124
當代孫寬《碧水風荷》三聯畫　　　　當代劉偉基《山水結構一》

圖 4-123，孫寬《碧水風荷》三聯畫：《當代中國畫名家作品選孫寬》，蘇州：古
　　　吳軒出版社，2005 年版。
圖 4-124，劉偉基《山水結構一》：國際水墨雙年展。

圖 4-125　當代葛峰《無系列》　　　圖 4-126　當代李綱《水墨元素》

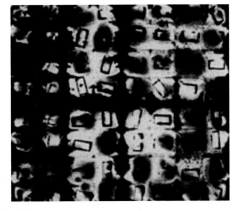

圖 4-125，葛峰《無系列》：國際水墨雙年展。
圖 4-126，李綱《水墨元素》：重構水墨—李綱抽象畫展—畫廊新聞—雅昌新聞
　　　（artron.net）。

第四節　小　結

　　從重複構成和發射構成來看，由於中國人長期的「重道輕器」觀念的影
響，形成中國特色的固有文化的構成形式。今人由於對傳統繪畫的構成形式
研究不夠，造成對中國山水畫構成形式的忽視，比如說遭到人們忽視圖案構

圖形式中的「重複構成」和「發射構成」都有很大的開發空間。平面構成裏的「漸變構成」、「近似構成」等等構成形式，其實我們都可以從中國藝術的太極八卦思維中找到相應的模式，如何通過平面結構基本形的廣度結合中國山水畫的深度進行深度的再開發和再研究，為今後深入發展民族藝術形式構成，提供不一樣的視覺藝術窗口；在基本形的對比組合中，中國山水畫除了具有獨特的黑白、虛實、陰陽對比外，西畫體系的冷暖對比也是我們可以拿來的元素，相對色彩對比而言中國山水畫裏還有自己的中華色彩體系也是一套科學的結構體系；從畫面的分割來看不但要注重外形式的開發，而且還要注意內形式的開發；同時除了吸收西方的數學構成外，中國有豐富的數理切割方式，像河圖、洛書等藝術思維在現代繪畫的實踐，基本上都被人們遺忘了。這些充滿人文結構的平面構成方式再合理地吸收到現代平面構成中來時，同時還不要忘了中國風水學的構成組織形式。這樣的構成形式可以避免西方抽象構成，那種單靠空間錯落表現機械的構成方式，來表達時間和空間的侷限性和去人文性的「無理頭」觀念。在西方平面構成中也有很多突出的貢獻，比如說肌理構成這種形式，西方畫家就有很豐厚的經驗，中國山水畫也應多加吸收，但在吸收時一定要避免流於製作性，一定多吸收肌理構成的形式來表達創作主體的思想。平面構成中的抽象性幾何平面構成，是西方藝術之長，中國傳統山水畫語言基本還是二維半的構成模式，如何吸收純抽象的藝術構成形式同時又保持其特點，是東方藝術之難。總之希冀中國山水畫家們要任重而道遠，同時也祝福中國的畫家同道們，不要辜負時代的重任，為中國山水畫創作與新時代結合，同時也為融匯繪畫的新思想、新路徑、新潮流而孜孜不倦的努力和奮鬥。

第五章　從平面構成形式美法則看山水畫中的基本觀念

第一節　形式美概念

　　繪畫創作形式非常豐富，比如我們常提起的構圖、空間、色彩、技法等系列形式等等，這些都是形式美研究的對象。藝術作品的形式，是指藝術作品內容的存在方式，亦即作品的內部聯繫和外部表現形式。主要指結構、藝術語言、藝術手法、類型體裁等，藝術作品的內部聯繫主要通過內部形式表現出來，包括內容諸要素之間的相互組織方式及聯繫，指結構其外部表形態為外形式，即表理內容的手段和方式，也包括藝術語言、藝術表現手法、類型體裁等。〔註1〕如何把握我們介紹的這些形式和表現手法，以及寄託我們思想於一定的形式，正是我們今天所要研究的內容。

一、平面構成形式美術法則

　　形式美法則指平面構成形式美的法則，是依據點、線、面、基本形的組合等構成知識，以及這些知識和內容所提供的、高度概括的總方法和總手段。平面構成形式美法則主要包括：「和諧與變化」「統一與均衡」「對比與協調」「節奏與韻律」等等。這些形式美規律也是繪畫創作主體必須具備的審美修養；形式美法則是人類社會長期從事生產、生活中的實踐積累的結果。同時在實

〔註1〕胡雲斌：《平面構成》，北京：人民美術出版社，2010年版。

踐中雖然每個學科都有都有自己的獨立形式，我們也不難看出，這種獨立形式形成的過程與經濟環境，思想文化，歷史環境密切聯繫。

第二節　和　諧

「和諧」是形式美的基本特徵，也是平面構成和山水畫表現的最高特徵，同時「和諧」的形式美法則也是把握中國山水畫形式美的法則。無論是那種藝術門類，「和諧」與否都是衡量一種門類藝術的重要審美標準。就山水畫和平面構成而言，「和諧」是構成這兩種藝術門類的最高形式，其構成的完整性取決於「和諧」。比如形式上的變化與統一、對比與協調、均衡與對稱、節奏與韻律等都是「和諧」要把握的範疇。「和諧」的本質是「多樣統一」，換言之，「對立統一」是「和諧」的最根本的本質。

中國文化裏的「和諧」思想觀念脫胎於「易道思想」，「易道思想」主張「天人合一」的宇宙觀，這種宇宙觀後來經「儒、道、釋」三家不停的闡述，發展成包括「人與人」、「人與物」、「人與自然」的和諧共生關係；中國文化主張「順應自然」、「合理的利用自然」、「合理關照自然」引發為人倫的和諧，同時中國畫家們又把這種社會的「和諧」精神，並以此「悟道」在山水畫的形式和內容中。中國文化和中國山水畫都是以《易經》為基礎，構建起來的哲學思辯體系，使得中國山水畫美學的著眼點更多的不是看中對象的表象和形式，而更多看重的是繪畫內在的和諧。同時山水畫裏的「和諧」主要又是圍繞「陰陽合和」思想展開的，《周易·繫辭下》「天地氤氳，萬物化醇；男女構精，萬物化生」中的天地之合與男女對舉之事相合，即表達了古人「天人合一」「萬物一體」的思想，是陰陽「和諧與統一」的總看法。《坤卦》說：「夫大人者，與天地合其德，與日月合其明，與四時合其序，與神鬼合其吉凶……《老子》中也有相關陰陽觀念的論述：「萬物負陰而抱陽，沖氣以為和。」〔註2〕此處的「『負』為背負之意、『抱』為懷抱之意，所背為陰、所向為陽，言萬物之所生。」〔註3〕從內容可見，天道亦同於人道，萬物都是陰、陽二氣可結合的產物。所以老子呼喊：「有物混成，先天地生，寂兮寥兮，獨立而不改，周行

〔註2〕朱謙之撰：《老子校釋》第四十二章，北京：中華書局，1984年版，第174～175頁。

〔註3〕李漢三：《先秦兩漢之陰陽五行學說》，臺北：維新書局，民國57年版，第15頁。

而不殆，可以為天地母。吾不知其名，字之曰道，強為之名曰大。大曰逝，逝曰遠。遠曰反。故道大，天大，地大，王亦大。域中有四大，而王居其一焉。人法地，地法天，天法道，道法自然。」〔註4〕這裡老子提倡的「人法地，地法天，天法道，道法自然。」的思想就是強調的是人與人、人與物、人與自然的和諧相處。唐張彥遠著《歷代名畫記》說：「夫失於自然而後神，失於神而後妙，失於妙而後精，精之為病也，而成謹細。自然者為上品之上；神者為上品之中；妙者為上品之下；精者為中品之上；謹而細者為中品之中。余只立此五等，以包六法，以貫眾妙。」〔註5〕通過《老子》和張彥遠《歷代名畫記》這些闡述我們可以看到，天道如是、人道如是、畫道亦如是，通過這些思想可見出中國文化或中國山水畫的核心都倡導「以自然和諧為上」的主旨。

（一）〔宋〕李成《山水決》：「凡畫山水，先立賓主之位，次定遠近之形，然後穿插景物，擺佈高底」。〔註6〕

（二）〔宋〕郭熙《林泉高致》集裏說：「『大山堂堂為眾山之主，所以分布以次崗阜林壑為遠近大小之宗主也。其若大君浩然當陽，而百辟奔走朝會，……名為主峰。主峰已定，方作以次，近者、遠者、小者、大者，以其一境主之於此，故曰主峰，如君臣上下也。林石先理會大松，名為宗老。宗老意定，方作以次，雜窠、小卉、女蘿、碎石，以其一山表之於此，故曰宗老，如君子小人也。」〔註7〕

（三）〔元〕黃公望《寫山水決》：「樹要有身份，畫家謂之紐子，要折搭得中，樹身各要有生發」。明汪氏珊瑚綱畫繼：「畫要有賓主，不可使賓勝主。謂如山水，則山水是主，雲煙、樹石、人物、禽畜、樓觀皆是賓。且如一尺之山是主，凡賓者，遠近折算須要停勻。謂如人物是主，凡賓皆隨遠近高下布景，可以意推也」。〔註8〕

〔註4〕陳鼓應：《老子今注今譯》，北京：商務印書館，2006年版，第169頁。
〔註5〕〔唐〕張彥遠著，俞劍華注釋：《歷代名畫記》，上海，上海人民美術出版社，1964年版，第38頁。
〔註6〕〔宋〕李成：《畫山水決》，盧輔聖主編：《中國書畫全書》第1冊，上海：上海書畫出版社，1993年版，第187頁。
〔註7〕〔宋〕郭熙：《林泉高志》，盧輔聖主編：《中國書畫全書》第1冊，上海：上海書畫出版社，1993年版，第497、501頁。
〔註8〕〔元〕黃公望：《寫山水決》，盧輔聖主編：《中國書畫全書》第2冊，上海：上海書畫出版社，1999年版，第762頁。

（四）〔宋〕郭熙《林泉高志》「『故曰主峰』；『山以水為血脈，以草木為毛髮，以煙雲為神采，故山得水而活，得草木而華，得煙雲而秀媚……」〔註9〕

（五）〔明〕唐志契《繪事微言》：「凡畫山水，大幅與小幅幾乎不同。小幅臥看，不得塞滿；大幅豎看，不得落空。小幅宜用虛，愈需愈妙，大幅則須實中帶虛，若亦如小幅之用虛，則神氣索然矣，蓋小幅境界最多，大幅則多高遠。是以能大者，每不能小；能小者，每不能大。亦如書家之小字用手，大字用肘，細小用指者，然各難兼也。總之大畫最難得好」。〔註10〕

（六）〔清〕李日華論山水畫：「古人於一樹一石，必分背面正昃，無一筆苟下。至於數重之林，幾曲之景，蟺層之之單復，借雲氣為開遮；沙水之迂迴，表灘磧為遠近。語其墨暈之甜，深厚不可測，而定意觀之，支分縷析，實無一絲之分。是以境地愈穩，生趣愈流，多不至閉塞，寡不至濁，淡不至荒幻，是曰靈空，曰空妙，以顯現出沒，全得造化真蹟耳。向令葉葉而雕琢也，物物而形肖之，與木工採匠爭能，何貴畫乎」。〔註11〕

我們從第1條李成《山水決》和第2條郭熙《林泉高致》，以及第3條黃公望《寫山水決》等古代畫論的闡述中可以看出，中國山水畫在具體的實踐中已引入儒家的社會人文和人倫觀，並由此希望山水畫在結構上也體現出人與社會和諧。我們再第4條郭熙《林泉高志》和第5條唐志契《繪事微言》，以及第 6 條李日華論山水畫等論畫中可以看出，中國畫在創作時的思想核心以自然和諧美為要旨。綜上所述，中國山水畫不但僅僅滿足於天人同構的個人體認觀念，其重心要旨還希望能實現社會和人文的和諧共生，所以實踐中才提出「畫人同體」「天人同構」「天人合一」等審美思想範疇。同時我們還應指出，所謂「天人合一」還指「三教文化合一」所遵循的教理合一。中國山水畫正是

〔註 9〕 〔宋〕郭熙：《林泉高志》，盧輔聖主編：《中國書畫全書》第 1 冊，上海：上海書畫出版社，1993 年版，第 499 頁。

〔註10〕 〔清〕唐志契：《繪事微言》，盧輔聖主編：《中國書畫全書》第 4 冊，上海：上海書畫出版社，1992 年版，第 60 頁。

〔註11〕 〔明〕李日華：《六研齋筆記 紫桃軒雜綴》，鳳凰出版社，2010 年版，第 90 ～91 頁。

在這些思想的推動下，通過向中國哲學思維借力，才使其在發展中成為了中國繪畫的第一大畫種。

第三節　對比與調和

一、對比與調和的概念

　　對比是在同一畫面中，色彩與色彩、形與形之間，以及背景與圖形之間由性質相對因素產生的一種比較形態，進而形成一種緊張感和感覺刺激，對比構成中強調不同元素的個性特點。畫面構成中把不同的元素組合在一起，通過兩相對比，使每個元素個性特點更加突出，形成更為明顯的對比效果，這就是對比的目的所在。潘天壽說「畫事之布置，須注意畫面之內安排，有主客，有配合，有虛實，有疏密，有高地上下，有縱橫曲折，然後注意畫面之四邊四角……」〔註12〕從潘天壽對中國畫構成的強調，可見主客、配合，虛實、疏密、高下等這些對比思想，在中國山水畫構成中的重要性。

　　協調的特點是在差異中求「同」，把兩種或多種相似的因素相互聯繫，使之和諧統一，形成差異不大產生美感。在色彩上體現：相似或相近的色彩搭配與同色中濃淡不同的搭配就是協調。

二、對比與調和的作用

　　對比的主要特點是應用相異元素，造成畫面的緊張感和變化，增加畫面的主動性和趣味性。對比是畫面組織的重要方法。在畫面中「柔和對比」又使兩者的關係緊密，「強烈對比」會造成形與形之間、圖與背景之間的分離，而「柔和對比」則取其中。利用兩者不同的對比度，能夠恰如其分地把握畫面的層次感和視覺表現，同時形成畫面節奏性的視覺流動，並賦予畫面新的生命力。

　　協調形成的和諧，屬於陰陽之美，協調主要是在變化中尋求各元素關係之間的基本一致，給人以融合、寧靜、協調、幽雅的美感。在設計和繪畫中儘量消除不協調的因素，協調的主要作用是給人感覺和諧、舒適的審美愉悅，在設計和繪畫構成中協調的因素越多則越和諧。

〔註12〕盧炘：《潘天壽》，石家莊：河北教育出版社，2000 年版，第 222 頁。

三、中國山水畫裏的對比與調和思想

（一）中國畫比其他畫種更重視虛實對比，《周易·繫辭上》曰：「一陰一陽之謂道。」就是指陰與陽的對立與統一。

（二）惲南田認為和諧就是求同存異。他說：「群必求同，同群必相叫，相叫必於荒天古木，此畫中所謂意也」〔註13〕

（三）黃賓虹談畫時說：「古人重實處，尤重虛處；重黑處，尤重白處；所謂知白守黑，計白當黑，此理最微」〔註14〕

（四）潘天壽論畫：「無虛不能顯實，無實不能存虛，無疏不能成密、無密不能見疏，是以虛實相生，疏密相用，繪事乃成」〔註15〕

通過上述的五條畫論，我們知道「對比與調和」是道的特徵，是陰陽之道的對立與統一，他的繪畫處理思想就是「求同存異」。「對比與調和」的具體表現手法有「知白守黑」「虛實相勝」「疏密相間」等等。在「對比與調和」中，對比是必須含有兩個以上的不同造型因素才能顯示出來，是畫面處理最常用，最好用、最方便的手段。對比的雙方特點一目了然，而且對比的程度可以根據畫面的效果需要來合理安排。對比主要從三方面來體現，即造型、構圖和色彩。從造型上看，又有大小、輕重、粗細、疏密、曲直、凹凸等對比關係；從構圖上看，又有虛實、方向、聚散等對比關係；從色彩上看，又有色相、純度、明度等對比關係。調和是因為對比太弱或太強而採用的加強或減弱對比效果的手法。如對比構成是強調分，那麼調和則主要強調合，所謂惲南田所說的「群必求同，同群必相叫」。

在中國山水畫家中經常用「留白」方式來調整畫面的虛實關係，「虛」和「實」是一對矛盾，是一個事物的兩個方面，在畫面中如果只注重畫面中可見的實象，而不去關注虛處，這樣勢必會導致畫面平均，無主次，板刻，不靈動等；相反，而一味的追求畫面的虛空，也會顯得畫面失去自然美的張力，所以說畫面中的虛實關係是互相制約，互補的。中國山水畫常用的對比要素主要還有：虛實、陰陽、疏密、繁簡、縱橫、長短、開合、藏露、動靜、剛柔、鬆緊、大小、敬正、質華、生熟、有無、賓主等，西畫則常用冷暖來界定物象和強調

〔註13〕〔清〕惲壽平：《南田畫拔》，盧輔聖主編：《中國書畫全書》第 7 冊，上海：上海書畫出版社，1999 年版，第 982 頁。

〔註14〕陳纓：《淺談林散之書法之墨色美》，《新聞世界》，2010 年第 10 期。

〔註15〕楊成寅，林文霞：《潘天壽——中國書畫名家畫語圖解》，北京：中國人民大學出版社，2003 年版，第 1 頁。

物象的色彩對比，並在對比中形成畫面的統一，又畫面統一調配中構建一種
基調。

四、對比與調和實踐的應用

　　以下賈又福的繪畫，圖 5-1 至圖 5-4 系列作品以及圖 5-2 李可染的《黃梅
時節雨紛紛》全都屬於強烈對比與調和構成的應用實踐。

圖 5-1　　　　　　　　　　　圖 5-2
賈又福《金霞圖》　　　　　李可染《黃梅時節雨紛紛》

圖 5-1，賈又福《金霞圖》:《聚焦中國書畫大家美術》，北京:團結出版社，2009
　　　年版，第 43 頁。

圖 5-2，李可染《黃梅時節雨紛紛》:《李可染繪，李可染畫集》下，北京:工藝
　　　美術出版社，2003 年版。

圖 5-3　賈又福《放牧圖》　　　　圖 5-4　賈又福《無題》

圖 5-3，賈又福《放牧圖》:《賈又福 6・山鄉情懷　美哉仙鄉》，北京:榮寶齋
　　　出版社，2012 年，第 58 頁。

圖 5-4，賈又福《無題》:心懷虛靈氣，筆成天地功，sohu.com。

　　圖 5-1 賈又福作品《金霞圖》，採用色墨對比手法，色彩中又用明暗對比的月亮來協調突出主題，月亮上下包括，月中又墨，月色中的色又起到突出與協調主題的作用。圖 5-2《黃梅時節雨紛紛》採用相對對稱和明暗對比方式，對稱的兩個形裏都有相同的元素（比如房子）起到對稱協調的作用，中間的白色的河並與地面房子的白和邊角的白又形成調和的作用。圖 5-3《放牧圖》兩塊亮黃色形成對比，但兩個元素一長一短的亮度對比中，在高亮度的獨立形中有有相同的元素，獨立形中你中有我，我中有你的元素，由於兩個亮度的獨立形中有相同元素又起到了即對比又協調的作用。圖 5-4《無題》，一畫陽中有陰、陰中有陽形成陰陽對比關係，而中間以兩片灰色的陸地起到黑白的調和作用。

第四節　均衡與對稱

一、均衡與對稱的概念

　　「均衡」是一種視覺心理活動，繪畫構成中的「均衡」也是一種視覺美感表達。「均衡」又作「平衡」，指兩個或兩個以上不同單元形在一種內在張力的作用下，使視覺達到某種平衡的構圖形式。對稱均衡是最常見的形式構成，它們追求形式上的平衡感。對稱是典型的平衡，指以一條線為中軸或以點為中心的同形、同量相對應的組織形式結構。

二、均衡與對稱的常用手法與目的

　　潘天壽說：「畫材布置於畫幅上，須平衡，然注意於靈活之平衡，靈活之平衡，須先求其不平衡，然後求其平衡。」〔註16〕可以說潘天壽說到了中國畫組織畫面的要點，在繪畫中「有破有立，不破不立」正是中國畫組織畫面的原則。

　　　　對稱最主要的特點色是藝術構成的均衡感和穩定性。同時給人
　　們帶來安靜、穩定、端莊的形式美感。

　　對稱的兩種方式：

　　絕對對稱，即在中心點、軸線或軸面的兩邊或各個組成部分造型、結構和色彩形成的完全對稱形式，具有莊嚴、穩定、整齊及秩序等特點。

　　相對對稱即在絕對對稱的形式中、有少部分的形狀或色彩有一定的變化，

〔註16〕盧炘：《潘天壽》，石家莊：河北教育出版社，2000 年版，第 223 頁。

並不完全一致，體現差異中保持一致的特點。這種相對對稱的形式仍然具有穩定感，但其形式比絕對對稱更為靈活。

對稱的幾種方式

　　對稱可以產生一種極為輕鬆平衡的心理反應。它給一個形注入平衡、均稱的藝術特性，即一個好的完形最主要的特徵，從而使觀看者身體兩半的神經作用處於平衡狀態，滿足了眼動和注意活動對平衡的需要。所以，在繪畫創作時要在幾種基本形式的基礎上，掌握其變化的核心規律，靈活地加以應用，往往會收到意想不到的效果。在平面構成中對稱與平衡的基本形式有四種，即移動、反射、回轉和擴大，再加以對生變化形式就很多了（見圖5-5對稱的變化方式）。

圖 5-5　對稱的幾種變化方式

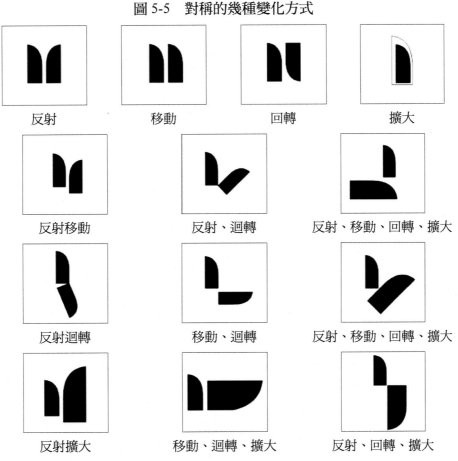

圖 5-5，對稱的變化方式：趙殿成，《構成藝術》，瀋陽：遼寧美術出版社，
1987 年版。

在繪畫和平面構成中均衡強調的是形態在組合關係中「動」的因素和趨向於被打破的形式特徵。均衡是實現形的無序和動態感、不規則的構成在視覺上達到統一。

均衡的兩種形式

形狀的均衡是在對稱的基礎上由形的對稱、發展延伸為力的平衡，它關係到形象的重心和動勢等因素。均衡主要通過平面圖形在空間位置，方向面積的體現。

色彩的均衡是指同一畫面中，從色彩面積的分布及不同明度、純度、輕重來判斷的一種心理感受。

易象八卦圖最能體現這種對比與平衡的關係，在周易八卦中的後一卦也都是根據前一卦演化而來的，而且兩兩相對，每卦的內部陰陽兩爻既相互對立、又相互補充，並與對卦中的陰陽兩爻互為對稱平衡之勢。在對稱的應用上，因為山水畫注重自然變化，很少應用絕對對稱的方式來作畫的（當代水墨畫除外）。在常見的繪畫中主要採用近似對稱的方法來實現畫面的對比與協調。

對稱平衡的審美趣味一樣，中國的書法藝術也具有這方面的特色。表面上，書法以點、線的形式展開，表現得更多的是流動之美、風骨之美、剛柔之美，而遠非整齊一律、均衡對稱之美。實際上書法裏的每一個字都有自己的結構搭配，只有當按一定比例的間架結構搭配時，這個字才能夠組合得整齊勻稱、疏密協調。顏真卿《述張長史筆法十二意》說：「『稱謂大小，子知之乎？』曰：『嘗聞教授，豈不謂大字促之令小，小字展之使大，兼令茂密，所以為稱乎？』長史曰：『然，子言頗皆近』」〔註17〕顏真卿在書法裏所強調的形式美觀念，正是基於書法章法中字體疏密、大小等均衡法則的審美觀念。

三、均衡與對稱實踐的應用

賈又福系列作品：

圖 5-6 賈又福作品《山月徘徊》，採用的是上下對稱的方式，為了克服對稱中的刻板方式畫家採用了濃淡對比，同時還在對稱的形體內置入不同元素使畫面產生變化，在此基礎上使畫面形成多樣統一的和諧美感。

圖 5-7《山伯對話》為左右對稱來實現畫面的均衡，由於兩組山石非並未

〔註17〕〔唐〕顏真卿：《述張長史筆法十二意》明拓本（傳）各縱 28 釐米，橫 15 釐米（上海朵雲軒藏）。

達到心理和視覺上的均衡，作者又在雲彩、點景，以及題跋上做一些相對的調整，使畫面達到了一種相對均衡的狀態。

　　圖5-8《心潮水》採用反射移動的手法形成對比關係，在對比關係不變的情況，使畫面產生穩定和安靜感，從而突出主題的作用。

圖 5-6　《山月徘徊》　　　　　　圖 5-7　《山伯對話》

 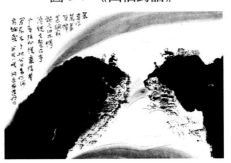

圖5-6，賈又福《山月徘徊》:《賈又福集2‧山鄉牧歌》，四川美術出版社，2008
　　年版，第37頁。

圖5-7，賈又福《山伯對話》:《賈又福5‧山鄉情懷　田園之詩》，北京：榮寶
　　齋出版社2012年版，第80頁。

圖 5-8　《心潮水》　　　　　　　圖 5-9　《太行寫生》

圖5-8，賈又福《心潮水》:《賈又福8‧大道之行　以石觀化》，北京：榮寶齋
　　出版社，2012年版。

圖5-9，賈又福《太行寫生》:參見賈又福繪，《賈又福集4‧積薪傳薪》，成都：
　　四川美術出版社，2008年，第37頁。

　　圖 5-9《太行寫生）採用兩個重墨塊移動縮小的相對對稱方式構圖的手法來表現自然的變化，並以此來突出中間的主要景點，使畫面生動有趣味。

　　圖 5-10 齊白石畫《河蝦》，一畫，在構圖中為了表現群蝦爭搶食物的情景，群蝦簇擁到畫面的左下方，使畫面的重心猛然下墜，這是畫面形象視覺重心嚴重偏離了，作者巧妙地在畫面上邊部位添加了一隻蝦，以出奇制勝的構圖方式化解了視覺上不平衡感，從而達到平衡和調和。齊白石先生這種在畫布追求平衡的手法與潘天壽所闡釋的「求平衡，先求不平衡」的藝術表現是一致的。

　　圖 5-11 吳鎮的《蘆灘釣艇圖》作品，畫面左側採用自上而下是一個倒梯形的山崖造型，使畫面嚴重失衡，而右側大面積的留白之中畫了一葉小舟橫在江中，使畫面稍有平衡感，其後再在右上方搭配三行小詩和一枚印章，使畫面再次又回到了新的平衡狀態。

圖 5-10　齊白石畫《河蝦》

圖 5-10，齊白石《河蝦》：徐改編著，《齊白石》，石家莊，河北教育出版
社，2000 年版，第 151 頁。

圖 5-11　吳鎮的《蘆灘釣艇圖》

圖 5-11，吳鎮《蘆灘釣艇圖》：參見《吳鎮‧蘆灘釣艇圖》，東方藝術，2016 年
第 20 期。

第五節　節奏與韻律

一、節奏與韻律的概念

　　「節奏」在現代漢語詞典中解釋：「節奏」指音樂的音節有規律的對比變
化現象。韻律原是指詩歌中的律動和聲韻，以及音的長短高低、輕重的組合、
勻稱停頓和間歇等。

二、節奏與韻律常用手法與作用

　　「節奏」在繪畫作品中主要表現在形象排列組織的動勢構成上。重複出現
某一形狀和元素，無論是類似和具體的點、線、面還是體，通過藝術處理後就
會產生令人愉快的節奏感。

　　在中國山水畫裏的天人合一的對子關係裏陰陽、虛實、俯仰、開合、承
接、疏密、主次、向背、呼應等形成點、線、面關係都與「節奏」與「韻律」
聯繫緊密，「節奏」是形式對畫面結構運作的結果，點、線的、穿插和虛實和
疏密排列，以及面的大小關係都體現節奏形式與韻律的美，同時也體現了畫
家的情感千變萬化的情感，這些都是山水畫裏的韻律和節奏的體現形式。中

國山水畫的韻律和節奏在古代畫論中多有強調：

（一）〔南齊〕謝赫《古畫品錄》，中也多次提及「韻」「神韻氣力，不逮前賢；體韻遒舉，風采飄然；力遒韻雅，超邁絕倫；清韻連綿，風趣巧技。」〔註18〕

（二）〔北宋〕郭熙《林泉高致》，有云：「欲奪其造化，則莫神於好，莫精於勤，莫大於飽游飫看，歷歷羅列於胸中，而目不見絹素，手不知筆墨，磊磊落落，杳杳漠漠，莫非吾畫，此懷素夜聞嘉陵江水而草聖益佳，張顛見公孫大娘舞劍器而筆勢益俊者也。今執筆者，所養之不擴充，所覽之不淳熟，所經之不眾多，所取之不精粹，而得紙拂壁，水墨遽下，不知何以掇景於煙霞之表，發興於溪山之顛哉」〔註19〕

（三）〔北宋〕郭若虛在《論用筆得失》，中明確提出：「凡畫，氣韻本乎遊心，神采生於用筆」〔註20〕

（四）〔元〕湯垕《畫鑒》，中論吳道子用筆道：「方圓、平正、高下、曲直、折算、停勻，莫不如意。」〔註21〕

從上面的四段畫論中可以看出，中國山水畫重視韻律和節奏的構成形式很多，包括謝赫強調的「神韻」和郭熙強調在繪畫中體悟，以及強調「張顛見公孫大娘舞劍器而筆勢益俊」的思想，都是這一觀念的體現。就具體形式構成來看還包括湯垕《畫鑒》所說的方圓、平正、高下、曲直等等，這些都是對韻律和節奏的強調。

從點線面上看：如元代的山水畫中各種皴法、點法、線條的重複出現在畫面中往往虛實分明，錯落有致、點綴的茅亭草舍、木橋高士、或山樵漁夫，都抒發作者的志向情懷，同時也在畫面中起到節奏與韻律的作用。從基本元素的形成上看，中國山水畫中的書法用筆的線以提、按、頓、挫、轉、折、輕、重、松、實、速、徐、緩、急等表現都是線條韻律、節奏的體現。在中國畫的筆墨表現上，如點、線、面的大小、聚散、濃淡、乾濕、虛實本身也都是節奏與韻律的體現；從基本形的形成和從基本形的複合構成上看，基本形所形

〔註18〕〔南朝〕謝赫：《古畫品錄》，盧輔聖主編：《中國書畫全書》第1冊，上海：上海書畫出版社，1993年版，第2頁。

〔註19〕〔宋〕郭熙：《林泉高志》，盧輔聖主編：《中國書畫全書》第1冊，上海：上海書畫出版社，1993年版，第499頁。

〔註20〕〔宋〕郭若虛《圖畫見聞志》，盧輔聖主編：《中國書畫全書》第1冊，上海：上海書畫出版社，1993年版，第468頁。

〔註21〕〔清〕湯垕《古今畫鑒》，盧輔聖主編：《中國書畫全書》第2冊，上海：上海書畫出版社，1999年版，第894頁。

成的「陰陽關係」，以及「留白關係」本身就帶有一定的韻律節奏。從形式美術原則上說：「和諧」、「變化與統一」、「均衡與對稱」、「對比與協調」、「節奏與韻律」等形式的法則本身也是音樂常用的形式原則，同時這些也都是平面構成和山水畫通用的原則。

第六節　小　結

　　中國山水畫構成和平面設計中的構成都追求節奏和韻律，這種節奏和韻律也體現了中國哲學中的「道」觀念，這種觀念在中國山水畫的節奏和韻律的結構表現中非常明顯。形式美不是西方平面構成和西方抽象畫的特有，現代水墨畫在引入這些概念中雖然充滿紛爭，但中國山水畫從構成思想上看，都包含著這些相似的構成美學中。在中西繪畫中，形式美作為一個藝術體系是客觀存在的。這些構成美學在我們的繪畫創作實踐及理論研究都具有重要的指導作用。好的藝術形式給人以美的享受，是人類不可或缺的精神食糧。西方現代藝術解構了西方傳統的藝術形式，表現了零散性無原則性和不確定性、大部分缺乏深度思想的結構而流機械性，而創作流於形式製作性。這是西方引進的平面構成之短，如何取其所長來解決中國山水畫的構成問題，是我們今天研究的重要課題。形式美的問題在當代繪畫中具有較多爭議。問題關涉到形式的方方面面，總的來說繪畫的形式是內容思想的反映，美的內容又是一定形式的反映，在客觀世界和主觀世界中脫離了內容的形式也不存在，脫離了形式的內容也不成在，當然也不可能有形式美的產生，連西方的藝術家都承認世界上不存在純粹的繪畫形式。不論現代中西繪畫如何解構，繪畫和設計脫離了內容和美的法則，都沒有創作意義。所以我們相信我們今天建立的理論是成立的。傳統繪畫美學本身就是在通過解構的方法建立起來的，現代繪畫再以解構的方式去追求單純的藝術美，只不過是以現代抽象幾何觀念去追源溯流而已。

第六章 平面構成觀念下的當代
山水畫發展現狀與思考

第一節 中國當代山水畫傳承中的問題

一、當代山水畫傳統文化內涵缺失

受繪畫市場的影響，藝術家能坐下來靜心養性、讀書做學問的人日益減少。如果畫家們不研究中國山水畫的規律和本質，忽視對傳統文化的吸收，畫家也將成為「山間竹筍、牆上蘆葦」。總體來說，當代畫家的傳統文化缺失體現在兩個方面：

（一）當代山水畫傳統筆墨概念模糊

由於中國藝術高校較為普遍地採用了西方素描基礎教育體制，所以，培養出來的畫家大多不重視筆墨，或對筆墨的瞭解僅停留在形式層面，對筆墨的精神內涵和筆墨的功能疏於瞭解。直接用素描的方法來畫和用簡單的線條來被動描摹，導致精神內涵和文化水準下降，形成虛假的創新形式。

（二）當代山水畫傳統精神文化內涵下降，虛假創新崛起

現代人在快餐式的生活狀態下，對中國畫的創作缺少深刻的領悟，由於急於表現，人人都在湊熱鬧、搞創新。弄一些新觀念、新形式，玩弄一些筆墨形式，隨之為畫而畫的作品產生了。所謂的「現代水墨」、「試驗水墨」、「觀念水墨」、「新水墨」、「符號水墨」打著發展、創新等「冠冕堂皇」的帽子，東奔西走，力求找到代替傳統筆墨的表達方式。其作品往往如曇花一現，如過眼煙云

「來也匆匆去也匆匆」，少有能留在美術史裏的作品出現。

（三）繪畫市場使畫家和批評家淪為市場的奴隸

新時期藝術與商業高度結合。商業為藝術家推波助瀾，大眾媒體為其搖旗吶喊。在藝術家與商家媒體達成利益平衡，扭曲了藝術本體發展的規律。作為藝術作品的創作主體，很多藝術家不再看重獨立的人格，所以藝術作品也就失去了創造力。失去了崇高、自由精神的藝術家，與其說是畫畫，還不如說是畫錢。

當前繪畫理論批評充滿了功利性，市場左右了批評家的話語權，繪畫批評家的獨立人格流失，使繪畫批評家的身份由主動走向被動，批評權利都讓位於市場，評論的吹捧形成又使其成了新的生態文化污染。

（四）當代山水畫缺少民族氣魂

當代人由於接收西方生活和繪畫觀察方法的影響，視野擴展了，但心源並沒有古人開闊，古代人觀察山水形勢往往跨州越縣飽覽山形地貌，然後「刪撥大要，凝想形物。景者制度時因，搜妙創真」[註1]現在的畫家到一個縣和一個村的寫生基地拍照回來就畫幾幅巨作就送去展覽了。

第二節　納新的問題

（一）當代山水畫廣泛吸收了中西繪畫思想，再加西方現代設計觀念的影響，使得創作取得了很大的成績；同時當代畫家過於迷戀於創新製作的工藝程序性，使得傳統山水畫人文精神內涵失去了黏合力，造成作品形式千人一面，使藝術作品缺乏藝術家的獨創性。

（二）現代水墨受平面設計觀念影響，產生了現代水墨是反傳統筆墨的觀點。這部分畫家通過揉、搓、拼、貼等手段，構成極具震撼力和視覺張力的畫面，同時也使作品流於形式，使人分不清設計與繪畫的區別。

第三節　當代山水發展現狀的思考

由於經濟全球化，給世界民族文化提供了頻繁的交流機會。當代中國山水

〔註1〕〔五代〕荊浩：《筆法記》，《中國書畫全書》第1冊，上海：上海書畫出版社，1993年版，第6頁。

畫正處於轉型發展期，產生了很多新的藝術思想，比如在這一時期潘公凱主張「中西繪畫要拉開距離」，「生態文化」，還有人的主張中西調和。范瑞華在其著作《中國畫向何處去》中提出，中國畫要注重象意、意象和悟象的發展思維，主張拓展悟象的發展空間。范瑞華的這種美術主張無疑對中國繪畫的發展是有益的。

　　藝術是無國界的，藝術實踐和人類的生活都在與時俱進。中華民族是一個開放的民族，中華文化是一個開放的系統，只不過是西方強勢文化過度宣傳或我們的不自信才覺得自己保守。現在我們用的桌椅板凳在漢唐以前都是匈奴人的用品，唐以後就被我們借用到生活中了。因此，我們的山水畫要在傳統中汲取營養的同時，也面對時代審美課題帶來的發展和限制。隨著社會的日益開放，現代山水畫獲得了更加廣闊的發展空間，同時在這一課題研究實踐時，還應注意以下幾個方面：

　　首先，在對平面構成語言的接收上，要注意避免留於形式或製作。吸收外來文化語言是為了拓寬藝術的表現道路，而不是吸收一方語言後讓自己變得身體虛弱，道路窄小而讓自己邁不開步子了；

　　其次，要深入傳統的脊髓，兼顧筆墨的適應時代，適應生活。

　　再次，向世界藝術學習和借鑒，避免轉而不化，化而不能轉。

　　最後，保持藝術作品的創作主體——藝術家要擁有獨立的人格和相對心靈的自由。

第四節　小　結

　　通過《從點、線、面看中國山水畫基本構成》全文的解析可以看出，中國傳統山水畫偏於「重道輕圖」而西方繪畫（包括寫實繪畫和抽象繪畫及平面設計構成畫）偏於「重圖輕道」。在近100年中雖然有徐悲鴻為代表的通過學習西方寫實繪畫來改革中國畫的努力和以林風眠為代表的引進西方抽象繪畫改革，並通過當代山水畫家用平面構成的方式來進行繪畫革新，這些實踐研究使中國繪畫的「重道輕圖」的思想逐漸分化，且有所緩和。但從世紀100年的水墨發展和近幾年深圳當代水墨雙年展和臺灣舉辦的當代水墨展來看，中國畫和山水畫又在向另外一個極端在偏離。從發展的眼光看，雖然這是一種進步；但從藝術本體上看，任何藝術對外來藝術的吸收如果不能取長補短都將是一種遺憾。

　　二十一世紀是中國山水畫百年不遇的機遇期和轉型期，挑戰與機遇並存。如何走好中國當代山水畫發展之路，是關係到中國民族的繪畫藝術能否發揚光大的重要事情。中國經濟快速崛起已成為了推動中華文化的催化劑，如何把握好這個文化機遇，是現代每個中國文化人要思考的重要問題。我們從點、線、面看山水畫的基本構成可以瞭解到民族傳統文化中有很豐富的營養，同時也有許多值得歸納總結和改革的地方。即要發展民族傳統，又要適應時代的呼喚是當今山水畫改革和認識的主流。只有深入傳統才有機會創造出民族氣魄和內涵的作品，同時又只有吸收時代發展的新觀念和其他民族的優秀文化才可能創造與時俱進，又充滿時代氣息和民族氣魄的新文化。

　　隨著新中國的改革開放，西方美術思想的大量湧入，西方現代平面設計構成原理被廣大的美術工作者接受和利用，已成為當今中國山水畫提供了多種形式創變的啟發思維之一，部分畫家在創作實踐中也不遺餘力地進行探索和研究，並取得了巨大成就。同時，隨著平面廣告對人們的生活的廣泛影響，人們所到之處都會見到成百上千的日常廣告形象。平面構成作為一種視覺語言，給不同文化、不同教育及不同社會背景的人提供了形象思維和商品信息。除了視覺信息傳達的物質形式之外，平面構成設計作品還以一般視覺形象展現美學、教育和文化方面的價值。今天的平面構成設計形式越來越成為人們交流溝通常用工具。平面構成作品和中國山水畫作品都是與人溝通的媒介。隨著兩個文化體系交流的進一步加深，一定能打開更多的語言通路，兩者相互借力吸收並建構屬於適合自己的營養。這將是未來中國山水畫可持續發展的條件之一。

　　由於工業的發展，人們長期在工業園區生活，城鎮化也成了連農民們不能逃避的問題，於是遠離了自然地人們更加留戀自然，欣賞自然，這給將來中國山水畫的發展帶來了更大更廣闊的空間。其中國山水畫語言對自然的表現的豐富性是西方風景畫不能企及的。由於深度內涵性使西方人疏於瞭解。隨著人類文化交流的加深，中國山水畫將會有更大的交流和發展空間。在不久的將來，中國山水畫將有無限魅力，而被人類青睞。人類將用此來洗滌受工業化和城鎮化污染的靈魂。

第七章　中國傳統山水畫的「形而下」與「形而上」

　　「形而上」與「形而下」是中國古代哲學和美學領域的重要範疇。這兩個範疇最早出現在《易經》中：「形而上者謂之道，形而下者謂之器。」這一對術語自提出後，在中國哲學史上逐漸被哲學家引申為表述抽象與具體、本質與現象、本原和派生物的範疇。孔穎達在《周易正義》中解釋為：「道是無體之名，形是有質之稱。凡有從無而生，形由道而立，是先道而後形，是道在形之上，形在道之下。故自形外已上者謂之道也，自形內而下者謂之器也。」〔註1〕「形而上者謂之道，形而下者謂之器」，道是道理，事事物物皆有個道理，器是形跡，事事物物皆有個形跡。有道須有器，有器須有道，物必有則。狹義地看，「形而上」指理而言，「形而下」者指事物而言。事事物物，皆有其理；事物可見，而其理難知。可以說，中國傳統的「形而上」就是指「道」，指對具象的抽象；「形而下」則是指可以看得見的或捉摸到的東西或器物，是具象。但中國傳統思想中的「形而上」不同於來自西方的「形而上學」、『形而上學唯物主義』。西方「形而上學」一詞由古希臘哲學家亞里士多德最初使用，原意為物理學之後。作為一種思維方式，它把研究宏觀物體機械運動的科學即經典力學的觀點和方法無條件地加以普遍化，把事物看成是彼此孤立、絕對靜止、凝固不變的，看不到事物的相互聯繫，忘記了它的產生、消滅和運動。

〔註1〕 葛榮晉：《中國哲學範疇通論》，北京：首都師範大學出版社，2001年版，第180頁。

把變化僅僅歸結為位置移動和單純數量的增減，視為外力推動的結果。而「形而上學唯物主義」則是用形而上學觀點解釋宇宙的唯物主義哲學。從馬克思主義哲學的角度看，作為思維方式的「形而上學」，主要是指用孤立的、靜止的、凝固不變的觀點看問題，看不到事物間的相互聯繫。因而，絕對不能把中國傳統哲學中的「形而上」等同於西方的「形而上學」。在當代中國畫理論界，將「形而上」與「形而上學」、「形而上學唯物主義」混為一談的現象很多。現在人們理解的「形而上」主要停留在「形而上學」和「形而上學唯物主義」的器觀念上，而圍繞器觀念又形成了「現代形而上和形而下」。之所以會出現概念不清的現象，主要是現代中國山水畫被「重畫輕道」的西方繪畫思想衝擊所致。為了分清這兩種說法，這裡我們暫且把道器的「形而上」和「形而下」稱為經學觀念「形而上」和「形而下」；相關「形而上學」和「形而上學唯物主義」的新說我們稱為圖形的「形而上」或「形而下」。要弄懂中國傳統山水畫裏的「形而下」「形而上」與西方的「形而上學」、「形而上學唯物主義」聯繫與區別，起碼要先弄明白中國山水畫誕生期的「形神」觀，同時重點弄清中國山水畫發展史上的幾次蛻變中的器道關係，其次是文人畫裏的「似與不似」及「畫品」的美學思想。下面就從四個方面加以論述。

第一節　中國山水畫誕生期的形神觀

「形」與「神」是中國哲學、繪畫美學中一對既對立又統一的範疇。

對於「形」，《說文解字》中這樣說：「形，象也。」段玉裁注為：「謂象似可見者。」〔註2〕「形」和「象」在《易經·繫辭下》說得最清楚不過了：「仰則觀象於天，俯則觀法於地。觀鳥獸之文與地之宜。近取諸身，遠取諸物。於是始作八卦。」「夫乾，確然示人易矣。夫坤，隤然示人簡矣。爻也者，效此者也。象也者，像此者也。」〔註3〕從這句話的闡述可以看出，形的原型是來自對世間形態的模仿；象的原意是相像，像此者也，即通過象來關照世界。

對於「神」，許慎《說文解字》中說：「『神』，天神，引出萬物者也。」〔註4〕

〔註2〕〔漢〕許慎：《說文解字》，段玉裁注，北京：中國戲劇出版社，2008年版，第17頁。

〔註3〕周振甫：《周易譯注》，北京：中華書局，1991年版，第256頁。

〔註4〕〔漢〕許慎：《說文解字》，段玉裁注，北京：中國戲劇出版社，2008年版，第7頁。

《禮記》中說「山林、川谷、丘陵能出雲，為風雨，見怪物，皆曰神。」〔註5〕
《荀子‧天論》中說：「形具而神生。」對於「神」的意義，羅小珊說：

> 神在魏晉以前重要文獻中的意義歸納起來，約有四個方面：一
> 是人格化的外在超越主體崇拜對象，二是指人物內在生命力的根源
> 表現，氣論觀點中的精氣，三是指萬物運動變化的奇妙及內在規律
> 神，四是內在的心理活動，意識情致思維。〔註6〕

山水畫的發展便吸收了人物畫的人文精神。在山水畫誕生之前，晉‧顧
愷之《論畫》中已談到形神關係，其形神關係關係主要圍繞人的風神面貌展
開的：

> 凡生人亡有手揖眼視而前亡所對者。以形寫神而空其實對，荃
> 生之用乖，傳神之趨失矣。〔註7〕

顧愷之認為畫人像不僅要追求外在形逼真，還應追求內在的精神本質的
酷似。如果僅僅外在形似，而不能反映對象的神態，都不算佳。之後，顧愷
之還提出了「以形寫神」、「傳神寫照」、「遷想妙得」、「悟對通神」等人物畫
理論，他的「手揮五弦易，目送鴻雁難」，形象地說明了繪動作易、傳神意難
的繪畫理論。

山水畫萌芽的南北朝時期誕生了兩篇著名的山水畫理論文獻：一篇是南
朝宗炳的《畫山水序》，一篇是王微的《敘畫》。宗炳提出了「山水以形媚道」
的形神觀點，王微提出了「本乎形者融靈……故所託不動」的理論。宗炳和王
微都提出山水畫要寫山水之神的思想，王微反對山水形神二體，指出「本乎形
者融靈……故所託不動」是說形神（靈）本一體，豈有不見形而見神呢？宗王
的話貌似相同而不同，但對繪畫要求的本質卻是相同的，即要寫山水之神。宗
炳「夫以應目會心為理者，類之成巧，則目以同應，心亦俱會，應會感神，神
超理得」就是說山水的景致包括形和神。其實宗炳和王微所說的都是一回事
情。〔註8〕

通過以上的內容可以看出，「形神」主要是指人的精神面貌。繪畫領域最

〔註5〕 楊天宇：《禮記》，上海：上海古籍出版社，2004 年版，第 600 頁。

〔註6〕 羅小珊：《傳神論的起源》，杭州：中國美術學院，2013 年版，第 11 頁。

〔註7〕 〔唐〕張彥遠：《歷代名畫記》，俞劍華注，上海：上海人民美術出版社，1964
年版，第 11 頁。

〔註8〕 羅勝：《論〈筆法記〉中「圖真」與「六要」「形似」「修養」的關係》，《美與
時代》（中），2013 年版第 12 期。

早受「形神」觀影響的是人物畫，其相關思想主要是圍繞繪畫與人的關係進行闡述的。山水畫誕生後，人物畫的「形神」思想又被借用山水畫的創作上。從山水畫理論誕生之日起，我們不難看出，這種形神關係，已開始露出重道輕器的思想端倪了。

第二節　中國山水畫發展史上的幾次蛻變

　　中國山水畫自產生之後，在發展過程中，經歷了幾次蛻變。明代王世貞概括說：「山水畫至大小李一變也，荊關董巨又一變也，李成、范寬又一變也，劉李馬夏又一變也，大癡、黃鶴又一變也」。〔註9〕

　　唐代張彥遠在《歷代名畫記》中說：「由是山水之變始於吳，成於二李。」陳傳席先生也在《山水之變始於吳，成於二李——澄清唐代山水畫史上一個問題》中認為，吳道子之前山水畫變革並無變革大家，楊、展、二閻只是對山水的繼承。〔註10〕大李專攻山水略加充實，以勾勒填彩繪之。吳變其法，使用「離、披、點、畫」即興而作。吳畫山水氣勢磅礴，但形貌不完，有氣無韻。唐代山水畫是中國山水畫圖式的創成階段，以圖式為主，勾勒、填彩、書法基本線條入畫基本上是形式層面的研究，這個時期的畫主要還是處於器的研究範疇。

　　「至五代，荊、關、董、巨乃摹北宗真山水而成宗，以開宋法」。〔註11〕在五代以前山水畫還沒有形成系統的理論，五代時荊浩的《筆法記》是這個時期的主導思想，荊浩提出了「圖真」和六要的概念。〔註12〕荊浩筆法記的思想核心主要是「圖真」的觀念展開的：『曰：『何以為似？何以為真？』叟曰：『似者，得其形，遺其氣。真者，氣質俱盛，凡氣傳於華，遺於象，象之

〔註9〕〔明〕王世貞：《藝苑卮言論畫》，俞劍華：《中國古代畫論類編》，北京：人民美術出版社，2004年版，第115頁。

〔註10〕陳傳席：《山水之變，始於吳，成於二李」——澄清唐代山水畫史上一個問題》，《新美術》，1983年第3期。

〔註11〕〔清〕康有為：《萬木草堂藏畫目》，郎紹君、水中天：《二十世紀中國美術文選》（上卷），上海：上海書畫出版社，1999年版，第22～23頁。

〔註12〕唐末五代十國形成了割據動亂的時期，儒家思想的倫理觀念被打破，知識分子厭煩了豪強們的你爭我奪的局面，知識分子們紛紛傚仿魏晉南北朝時期的知識分子，個個仕君山林，終日以山為伴，荊、關、董、巨仕君山林為推動山水畫的鼎盛準備了充足的思想和物質條件。在每一次社會震動之後，隱居知識分子隊伍的擴編，都會帶來一次山水畫的變革成了一個高潮現象，而這個高潮的代表都是社會震動時期的仕隱分子。荊、關、李、董、巨就是典型的例子。

死也。』」〔註13〕主張「氣質俱盛」的思想，無疑是強調道器統一的。三教合一的宋代理學對宋代山水畫也產生了深遠的影響。當時理學對山水畫觀念的影響大約有三點：（1）外師造化，中得心源；（2）觀物查己，畫道自然的天人同構思想；（3）窮理盡性，重視創作。這就形成了宋畫重視自然、尊重自然、追求寫實理性的現實主義作風。范寬長期居入太華山並在終南山居住數十年，長期觀察，得以創作出百代標程的作品來。他自己曾說：『師古人不如師造化，師造化不如師諸心。」〔註14〕《林泉高致》裏說：「山以水為血脈，以草木為毛髮，……」同時還提出了可遊可居可觀的山水創作等觀念。又說：『欲奪其造化，則莫神於好，莫精於勤，莫大於飽遊躍看，歷歷羅列於胸中……不知何以掇景於煙霞之表，發興於溪山之顛哉。」〔註15〕南宋的繪畫主體是院畫，南宋院畫主要有四個特點：一是系無旁出全師李唐；二是筆墨健勁、簡練，精工院畫風格；三是邊角構圖形式突破全景式構圖；四是山水和現實人（居民）的關係加強。而這主要與南宋的政治背景相關聯。（南宋繼北宋以來建立了畫院體制，院體繪畫徹底取得了統治地位，文人畫則發展緩慢。這主要是由於政治環境決定的。南宋王朝需要振興民族收復故土，所以出現南宋那種剛勁猛烈的大斧劈皴形式和偏安一角的構圖方式。且南宋的文人又要抗金，沒有時間和心情去畫那種閒情逸致的文人山水。這和上世紀20、40年代中國的版畫木刻運動相像；二是北宋那種全景式的山水完美之極，南宋無法突破在理學森嚴的程朱理學的籠罩中畫家們只能從構成和筆墨上加以突破，所以產生偏安一角的構圖和剛勁猛烈的劈皴形式。）董其昌在《容臺別集》中說：「北宗則李思訓父子著色山水，流傳而為宋之趙幹、趙伯駒、伯‧以至馬夏輩。」又說：「李昭道一派，為趙伯駒、伯嘯，精工之極，又有士氣。後人仿之著，得其工，不能得其雅，若元之丁野夫、錢舜舉是已。」〔註16〕相關的還有明董其昌的好友陳繼儒和現代評論家何良俊等的言論。〔註17〕康有

〔註13〕〔五代〕荊浩：《筆法記》，盧輔聖：《中國書畫全書》（第1冊），上海：上海書畫出版社，1993年版，第6～7頁。

〔註14〕〔清〕康有為：《萬木草堂藏畫目》，郎紹君。水中天：《二十世紀中國美術文選》（上卷），上海：上海書畫出版社，1999年版，第23～24頁。

〔註15〕〔宋〕郭熙：《林泉高志》，盧輔聖：《中國書畫全書》（第1冊），上海：上海書畫出版社，1993年版，第491～503頁。

〔註16〕〔明〕董其昌：《容臺集》，臺北市：《國立中央圖書館》，1968年版，第2100～2187頁。

〔註17〕〔明〕陳繼儒《白石樵真稿》卷二十一。即：「寫畫分南北派，南派以王右垂

為在《萬木草堂藏畫目》中說：「至宋人出而集其成，無體不備，無美不臻，且其時院體爭奇競新，甚且以之試士，此則今歐、美之重物質尚未之及。」〔註18〕從以上這些闡述可以看出，南宋的院體畫由於受程朱理學的影響其繪畫特點是專注圖理、偏重圖形的思想。「筆墨健勁」、「邊角構圖」、「現實居民人像」、「美之重物質」都是形而下哲學思維的體現。

　　元代的政治統一是以野蠻征服文明的形式實現的，擁有先進文化的漢民族受到異族的奴役。〔註19〕於是大量的知識分子「大隱於市」，畫家的隊伍空前龐大，同時也為「書齋山水」〔註20〕的創作方式準備了條件。書齋山水的形式主要把文人哲學思想和書法入畫帶到了一個空間高度。同時，元人不懂中原文化，對文化的管理比較寬鬆，所以造就了元代山水的抒情寫意、高逸為尚、放逸次之的山水畫形式，並發展到了空前的高度。因此，元代山水畫的「形而上」和「形而下」的關係也是圍繞抒情寫意、高逸、放逸的風格以及書法入畫的形式展開的。倪雲林題畫詩中的「不過逸筆草草，不求形似，聊以自娛耳」〔註21〕即是明證。元畫這種「不求形似」以學識入畫是以改變和削弱了自然物態的客觀結構為代價的產品，它正是中國傳統文化思想重道輕器的表現。明代隨著漢人的驅逐韃虜恢復統治，這時期形成對前朝文化的一股大力復古風氣，並以元代文人畫傳統為基礎繼續演進發展。再加上明代名儒王世貞、董其昌等人的倡導，使復古成了文化正統。清代是中國最後一個封建王朝，清代的繪畫仍是繼續元、明以來的趨勢，復古的文人畫日益佔據畫壇主

為宗，如董源、巨然、范寬、大小米……。北派以大李將軍為宗，如郭照、李唐、閻次平，以至馬遠、夏圭，皆北派。何良俊在《四友齋叢說》裏：「山水畫亦有數家：荊浩、關全其一家也，董源、巨然其一家也，李成、范寬其一家也，至李唐又一家也……夏圭善用焦墨，是畫家特出者，然只是院體。」

〔註18〕〔清〕康有為：《萬木草堂藏畫目》，郎紹君、水中天：《二十世紀中國美術文選》（上卷），上海：上海書畫出版社，1999年版，第23～24頁。

〔註19〕元代是以野蠻的形式推翻了封建文化高度文明的宋，且元人對宋人實行野蠻的管理。蒙古人對漢人實行專制政策，元政府把全國的居民分為四等，漢人居第三等和四等。根本就談不上政治地位。同時又按職業劃分等級「官、吏、僧、道、醫、工、匠、娼、儒、丐十級。」知識分子僅僅排乞丐的前面，並放在娼的後面。同時元為了加強對漢人的控制實施實行保甲制度，政府將每20戶編為一「甲」，「甲主」由蒙古人擔任。甲主可隨意索取，女子、財產，也可隨心所欲地得到；取消了科舉制度等。

〔註20〕胡光華、莫丹丹：《王蒙及其書齋山水研究》，《藝術探索》，2005年第1期。

〔註21〕李珊：《倪瓚繪畫美學思想研究》，武漢：武漢大學，2010年博士論文，第98頁。

流，摹古寫意成了明清時期的繪畫宣言。但明清繪畫並不是一無是處，明清畫家們融匯傳統各家之長，繪畫手法更加靈活多變，在構圖上也不再遵循傳統格式，而是自由安排，筆墨上獲得了新的程序，﹝註22﹞在構圖、筆墨程序又形成「器而上道而下」的文化思維形式。

　　從上面山水畫的蛻變中我們可以看出，吳道子及之前的山水畫家主要是以纖細的條來勾勒為主，主要還是停留中國畫形式基本構成的研究上努力，這在哲學思想裏還停在器而上的研究範疇；到了吳道子，開始注重書法用筆的表現「氣勢磅礴，但形貌不完」，注意到了經學意義的「形而上」觀。到了李昭道，中國山水畫基本圖式才初步形成，就圖式形成而言，按道器的思想學說，主要還停留在器而上、形而下的範疇內。唐末五代荊、關、董、巨圍繞荊浩的《筆法記》思想展開了變革，主要以《筆法記》裏的圖真、六要、四勢、二病展開的。「氣、韻、思」是創作過程的構思階段，是規律、道理和器物的關係，是無形的思維，是經學觀念的形而上的道思維；其「景、筆、墨、四勢、二病」主要還是停留在術的形式上，是相對經學理念的形而下的器思維，但從其「氣質俱盛」的觀點來看，還是主張道器同重的。這和近代畫家石魯的「探物求真」的思想幾乎完全一致。石魯在《畫詞》的先期版本《學畫錄》中說：『「故我之觀物，先神而後形，由形而復神。凡物我之感應莫先乎神交，無神雖視亦無睹。神先入為主，我則沿神而窮形，以動而制靜。形熟而可默想，固當以寫生而默寫為記載。然默想者非謂背臨，乃潛移默化也。如此想像翩翩、凝神聚思，一臨素紙則入生出神，形不克神，神不離形，出乎一意，統乎一筆矣。」﹝註23﹞這些理論的核心思想都是主張「器道」同等不離、形神兼備的繪畫思想。圖真和六要、四勢、二病只是一個順序問題。北宋包括五代後期的山水畫是道、器同重的，而執著於理，兼顧圖神創作，難分「形而上」和「形而下」。南宋院體繪畫的主要創作隊伍是皇家學院的專業畫家，這些畫家身居宮廷，思想相對單純，擁護皇家推廣的程朱理學，繪畫特點多精細，一絲不苟，作品多重畫輕文，這類畫更加注重「術」的研究，所以從這一角度看南

﹝註22﹞尚輝在《重構文人畫理想》中說「明代畫家一方面不及宋代畫家，另一方面又超越宋代畫家。所謂不及，就是遠離對自然的直接經驗，無法應用傳統的繪畫語言來表現事物……追求畫外之畫……這類作品將元人筆墨和宋人造型結構結合，並加以某種程度的抽象化、符號化……」。

﹝註23﹞徐奇：《藝術與生活軌跡的切近與分離──石魯研究》，舒士俊：《叩開中國畫名家之門》，上海：上海書畫出版社，2001年版，第246頁。

宋山水畫中的「器思想」的成分高於「道思想」。南宋繪畫又繼承了北宋繪畫的理學思維，綜合這幾點來看南宋繪畫主要還是經學觀念的重器輕道形而下創作思維。張彥遠在《歷代名畫記》中引用顏光祿話說：「圖載之意有三：一曰圖理，卦象是也；二曰圖識，字學是也，三曰圖形，繪畫是也。」〔註24〕從今天的角度來看傳統中國畫，其畫像之意大致也不離圖理、圖識、圖形這三大範疇。元人不再像宋人那樣「觀物查己、以象入畫、畫道自然」來畫畫了，而是強調圖識入畫，使圖形變得更主觀和抽象，是中國山水畫史上主觀能動的再一次飛躍，這次飛躍是以加強圖理與圖識的功能和以削弱圖形為代價展開，所以說大癡、雲林、黃鶴「逸筆草草，不求形似」的元代山水畫是典型的經學觀念裏的重道輕器形而上創作思維。明清山水畫以摹古的繼承方式停留在基於形式，構圖及筆墨形式，表面上看是重道輕器，實際表現形式是屬於重器輕道的範疇。

第三節　山水畫裏的文人畫的「似與不似」

　　隨著宋代士大夫的執政，士大夫之學得以推廣，而文人畫也由此肇始。在宋代由於大量的士大夫參與文人畫，在蘇軾的文人畫論的影響下，文人寫意畫得到提倡，成為中國繪畫的生力軍，文人山水畫自元代逐漸發展成為傳統繪畫的主流，一直延續到明清。陳衡恪說：「文人畫首重精神，不貴形式，故形式有所欠缺，而精神優美者，仍不失為文人畫。」〔註25〕黃賓虹說：「絕似物象者與絕不似物象者，皆欺世盜名之畫，惟絕似又絕不似於物象者，此乃真畫。」從以上陳的闡述可以看出，中國文人畫的精神主要是形而上的。

　　進入 20 世紀，理論家對文人畫的概念看得比較寬泛，如俞劍華將文人畫分為四類：」文人業餘畫家（文多畫少，如蘇軾），文人專業畫家（文畫並茂，如元四家、文、沈），文人職業畫家（文少畫多，南宋四家劉李馬夏），文人末流畫家（臨摹、抄襲、作偽）〔註26〕帝泛地說，文人畫既包括重道輕器的繪畫，也包括「重器輕道」精為刻畫的表現作品；但嚴格來說，文人畫是「首重精神，不貴形式」、「不貴形似」。「似與不似」是重道輕器現象的一種綜合表

〔註24〕〔唐〕張彥遠：《歷代名畫記》，盧輔聖：《中國書畫全書》第 1 冊，上海：上海書畫出版社，1993 年版，第 119 頁。
〔註25〕陳師曾：《中國繪畫史》，北京：中國人民大學出版社，2004 年版，第 145 頁。
〔註26〕轉引自趙娜：《俞劍華的文人畫觀》，《美術界》，2009 年第 9 期。

述。「似與不似」中的「與」是定盤星「似」是對具體的，可以捉摸到的東西或器物，是對客觀事物精確刻畫的能力。「不似」是追求「道」是無形的思想，是對事物規律、道理和器物的把握程度。

第四節　畫　品

謝赫在《古畫品錄》中最早提出了中國畫的「六品」說。「六品」說就是以其六法為基礎，把畫家的作品分成六個等級進行評價。謝赫依託「六法」，把「氣韻」提到了空前的高度。六法兼備和窮盡其理者皆為一品。從謝赫的理論可以看出，除了氣韻生動的一品繪畫之外，其餘的多為形而下的作品。

張彥遠在《歷代名畫記》裏則把畫家的畫分成上品、中品、下品三個等級，且每個品項中又分上中下三等共 9 個等級。唐代中期朱景玄又在《唐朝名畫錄》裏提出來「神、妙、能、逸」四品分法；隨後，五代荊浩又在《筆法記》裏按照「圖真、六要、四勢、二病」的思想，把畫的品第分成「神、妙、奇、巧」四個等級；〔註27〕宋人劉道醇在《宋朝名畫評》著作裏又把畫家的作品分成三品九等。

劉道醇的三品法又與張彥遠把畫家作品分為上品、中品、下品三級、每級又分三等基本相似。劉道醇的思想是繼承了朱景玄的「神、妙、能、逸」和荊浩的「神、妙、奇、巧」之說並稍加潤色的結果。其中從其思想上來看，神品和逸品皆為通「道」之作，是對自然規律、道理和器物的關係的思想領會；「妙、能、奇、巧」不過是術之所生，是具體的，可以捉摸到的東西或器物，「妙、能、奇、巧」多歸類到經學思想的形而下器而上類，是圖式的形而的上作品。就神、妙、能、逸品論今天來看，無所謂誰高誰低，只是目的和追求的不同意趣而已。有人認為劉海粟的花卉、潘天壽的山水是神品；黃賓虹、陳子莊的山水是逸品；徐悲鴻的人物和奔馬是能品；王雪濤的花鳥，任伯年的人物則是妙品。在今天看來，我們面對這種說法，也只能一笑了之。

〔註27〕〔五代〕荊浩《筆法記》裏提出了「神、妙、奇、巧」之說，認為「神者亡有所為，任運成象。妙者思經天地，萬類性情，文理合儀，品物流筆。奇者蕩跡不測，與真景或乖異以致其理，偏得此者，亦為有筆無思。巧者雕綴小媚，假合大經，強寫文章，增貌氣象，此謂實不足而華有餘。」無疑是把自己的六要結合起來發展了謝赫和張彥遠的畫品論的觀點，其說得更具系統而以。神、妙主要還是站在道的角度上來認識的，奇、巧主要還是從器的角度來理解的。

第五節　餘　論

　　從中國山水畫史上各節點的蛻變來看，「道」思維和「器」思維在不同的歷史時期或偏重於道，或偏重於器。歷代理論家對此也評論褒貶不一。林風眠認為，人類的繪畫應經歷三個階段：「第一個階段是裝飾化時期，主要是用線；第二階段是表現體量的真實時期，用明暗與色彩；第三階段則是單純的表現時間變化中的諸種現象時期。他認為中國繪畫沒有完成第二階段就匆匆轉入第三階段。」〔註28〕可以看出，山水畫的發生發展階段主要偏重於「重器輕道」的，而山水畫的成熟期是偏重於「重道輕器」的。

　　從文人畫的「似與不似」的創作思想看，「論畫以形似，見與兒童鄰」體現的是重道輕器思想。重道輕器是其本質，「似與不似」是其表象；從『神、妙、能、逸』畫品論在今天來看，也無所謂誰高誰低，只是目的和追求不同意趣而已。只不過是神品、逸品多重視一些形而上的哲學思維，能品、妙品更加偏重於術等專業技能。中國山水畫的「重道輕器」思想和中國哲學「重道輕器」思想是相關聯的。站在歷史的高度來看，中國傳統繪畫的主流多以文人畫為主導，其思想主要還是表現在「重道輕器」上。但隨著近代西方寫實主義及西方抽象繪畫的衝擊，當代中國繪畫把傳統的「重道輕器」思想拋得遠遠的了，「重圖輕道」成了時代的主旋律。應該說，不管是從文人畫或畫品和繪畫的形神上看，還是中國山水畫的形而上和形而下思想的發展來說，我們談中國山水畫都不應該離不開歷史發展的脈絡。從中國山水畫的幾次歷史蛻變中，我們可以看出一條很清晰的線索：其一、山水畫在萌芽期和成長期是處於對圖畫的器形式研究階段，是相對的形而下追求，是從器而下向器而上的發展時期，是山水畫初長成的模樣，是基於圖形領域的圖式期的發展，我們可稱為「圖式期」；其二、在山水畫的成熟期，第一階段注重圖理、兼顧圖神，如五代、北宋山水畫；第二階段專注圖理，偏重圖形，如南宋山水畫，我們可把這個時期稱為「圖理期」，是一次圖式到圖理的蛻變；其三、山水畫的發達時期注重圖識，兼顧圖理，這時期在繪畫上追求傳統哲學意義上的形而上，是重道輕器的高峰時期，是一次圖理到圖識的蛻變，這在元代以後的山水畫我們可以明顯地感受到，我們可稱這一時期為「圖識期」；其四、近代受西方繪畫的影響，中國山水畫注重圖畫。「注重圖畫功能」是中國哲學裏的重器輕道思想的

〔註28〕孔新苗：《二十世紀中國繪畫美學》，濟南：山東美術出版社，2000 年版，第211 頁。

表現，我們可稱此時期為圖形領域的一次圖畫期的發展過程，我們可稱為「圖畫期」，圖畫期是基於山水畫圖形回歸本源的一次歷史追溯再研究運動。歷史上的每一次蛻變都是一次超越和進步。近代的「重圖畫運動「不是中國山水畫蛻變的終點，它恰恰又是我們山水畫第二次循環發展研究的肇始點。

　　從平面構成的角度看，繪畫作品並不是無內容空形式，世界上也不可能有無形式的空內容的藝術品，中國山水畫亦是如此。如果我們把繪畫的內容和形式其中的一因素抽調，也是不可能做到的，甚至把這兩種因素全部抽象掉了，似乎也不可能。否則人們很難把這樣的藝術品當成一幅畫來看待。他可能會更像是哲學和音樂什麼的，即使是像哲學和音樂這樣的形式仍然避免不了要訴諸於文字和五線譜一樣的符號形式來傳達內容。從繪畫角度看，首先繪畫是視覺形象藝術，所以他更不能脫離藝術的形式，脫離了藝術的形式，繪畫也不在是視覺藝術，同時我們也無法來詮釋繪畫的藝術構成了。正如前文所提到的陳傳席先生所說：「形式美的問題更嚴重，繪畫不可能沒有形式，但中國畫更講究內在美，或內涵美，一根線條、一點墨痕要鍛鍊半個世紀，甚至八十年左右才能見到過硬的內在美……在中國畫中，只有內在美的作品才能居於崇高的地位，形式美只能炫於一時」。〔註29〕

　　從繪畫「形而上」與「形而下」的角度看，「形而上」的道無非強調繪畫形式的哲學性、文學性和知識性，重在表現抽象的內容；所謂「形而下」無非表現的是繪畫的圖形寫實的結構，或者說是表現現實客觀實在的形象。20世紀初，繼明清以來的文人山水畫因缺少生活、輕視實踐、走進了筆墨程式化的死胡同。成為康有為、陳獨秀、徐悲鴻、呂澂、劉海粟等強調用西方寫實主義改造中國畫的「美術革命」思想。而康定斯基此時則把這種西方寫實藝術比喻成沒有前途的藝術，而把他的抽象藝術觀念被他認為是有前景的新藝術。〔註30〕所謂康定斯基的新藝術的構成形式正是通過他的《點、線、面》一書為基礎推進和展開的。中國畫和中國山水畫從來都不是寫實的，而是寫意的，其

〔註29〕陳傳席著：《陳傳席文集2》繪畫卷下，合肥：安徽美術出版社，2007年版，第14頁。

〔註30〕康定斯基說：「新藝術與歷史上藝術形式的這兩種雷同，可以輕而易舉地發現是彼此的對立的。第一種雷同是外在的，是一種毫無前景的東西。（按：毫無前景的東西指的就是寫實主義繪畫）。第二種則是內在的雷同，故而深藏著未來的胚胎。經過物質主義的誘惑——精神彷彿臣服過它，但畢竟絕棄了這惡的誘惑——時期，精神在經過鬥爭和痛苦之後獲得新生。」〔俄〕康定斯基：《藝術中的精神》，李政文編譯，昆明：雲南人民出版社，1999年版，第8頁。

構成方式比較特殊，但其構成方式也不離點、線、面三大關係。正如著名畫家潘天壽所說：畫事用筆，不過點線面三者而已，線由點連接而成，面由點擴展而得，所謂積點成線，積點成面而已。21 世紀，是中西藝術的大融合時代，在西學東漸的背景下，如何利用一種公認的藝術思維來總結各自民族的藝術特徵，實現思想上的融合，對民族藝術的發展來說至關重要。我們今天著作《從點、線、面看中國山水畫基本構成》一書，其主旨就是希望通過點、線、面藝術單個的精來考察中國山水畫的基本精神。換言之，就是想通過中國山水畫形而下的基本元素來探討中國山水畫形而上的精神機構。這種探索路徑也正是借用康定斯基「依賴於對藝術單個的精神考察，這種元素分析是通向作品內在律動的橋樑。」的基本路徑展開的。

主要參考文獻

一、外文譯著

1. 〔俄〕康定斯基：《點、線、面》，李政文、余敏玲譯，重慶大學出版社，2003 年版。

2. 〔俄〕康定斯基：《藝術中的精神》，李政文編譯，昆明：雲南人民出版社，1999 年版。

3. 〔英〕李約瑟：《中國科學文化史》，上海：上海古籍出版社、科學出版社，1990 年版。

4. 〔英〕貢布里希：《藝術與錯覺》，楊成凱、李本正、范景中譯，廣西：廣西美術出版社，2012 年版。

二、古籍文獻

1. 〔漢〕許慎：《說文解字》，段玉裁注，北京：中國戲劇出版社，2008 年版。

2. 〔晉〕衛夫人（鑠）：《衛夫人筆陣圖》，盧輔聖主編：《中國書畫全書》第 1 冊，上海：上海書畫出版社，1993 年版。

3. 〔晉〕王羲之：《筆勢論十二章並序》，魏秋芳主編：《滿庭芳集》，北京：金盾出版社，2013 年版。

4. 〔唐〕王維：《山水論》，盧輔聖主編：《中國書畫全書》，上海：上海書畫出版社，1993 年版。

5. 〔唐〕張顏遠：《歷代名畫記》，盧輔聖編：《中國書畫全書》第 1 冊，上海：上海書畫出版社，2000 年版。

6.〔唐〕顏真卿:《釋懷素與顏真卿論草書》,陸羽:《歷代書法論文選》,上海:書畫出版社,1979 年版。

7.〔宋〕荊浩:《筆法記》,俞劍華:《中國畫論類編》,北京:人民美術出版社,1986 年版。

8.〔宋〕郭熙:《林泉高志》,盧輔聖主編:《中國書畫全書》第 1 冊,上海:上海書畫出版社 1993 年版。

9.〔宋〕韓拙:《山水純全集》,盧輔聖主編:《中國書畫全書》第 2 冊,上海:上海書畫出版社,1999 年版。

10.〔宋〕李成:《畫山水決》,盧輔聖主編:《中國書畫全書》第 1 冊,上海:上海書畫出版社,1993 年版。

11.〔宋〕郭熙:《林泉高志》,盧輔聖主編:《中國書畫全書》第 1 冊,上海:上海書畫出版社,1993 年版。

12.〔元〕黃公望:《寫山水決》,盧輔聖主編:《中國書畫全書》第 2 冊,上海:上海書畫出版社,1999 年版。

13.〔明〕董其昌:《容臺集》,臺北市:《國立中央圖書館》1968 年版。

14.〔明〕王世貞:《藝苑應言論畫》,俞劍華:《中國古代畫論類編》,北京:人民美術出版社,2004 年版。

15.〔清〕王原祁:《雨窗漫談》,盧輔聖主編:《中國書畫全書》第 8 冊,上海:上海書畫出版社,1994 年版。

16.〔清〕唐岱:《繪事發微》,盧輔聖主編:《中國書畫全書》第 8 冊,上海:上海書畫出版社,1994 年版。

17.〔清〕唐岱:《繪事發微》,盧輔聖主編:《中國書畫全書》第 8 冊,上海:上海書畫出版社,1994 年版。

18.〔宋〕韓拙:《山水純全集》,盧輔聖主編:《中國書畫全書》第 2 冊,上海:上海書畫出版社,1994 年版。

19.〔清〕湯貽汾:《畫筌析覽》,盧輔聖主編:《中國書畫全書》第 11 冊,上海:上海書畫出版社,1992 年版。

20.〔清〕笪重光:《畫筌》,盧輔聖主編:《中國書畫全書》第 8 冊,上海:上海書畫出版社,1994 年版。

21.〔清〕唐志契:《繪事微言》,盧輔聖主編:《中國書畫全書》第 4 冊第 2 冊,上海:上海書畫出版社,1992 年版。

22.〔清〕笪重光:《畫筌》,盧輔聖主編:《中國書畫全書》第 8 冊,上海:上海書畫出版社,1994 年版。

23.〔清〕華琳:《南宋抉秘》,俞劍華:《中國古代畫論類編》上卷第二編,北京:人民美術出版社,1998 年版。

24.〔清〕笪重光:《畫筌》,盧輔聖主編:《中國書畫全書》第 8 冊,上海:上海書畫出版社,1994 年版。

25.〔清〕惲壽平:《南田畫拔》,盧輔聖主編:《中國書畫全書》第 7 冊,上海:上海書畫出版社,1999 年版。

26.〔清〕張式:《畫潭》,周積寅主編:《中國畫論輯要》,南京:江蘇美術出版社,1985 年版。

27.〔清〕豐坊:《書訣》,《欽定四庫全書》,《子部八》,臺灣:商務印書館,中華民國 75 年(1986)影印本。

28.〔清〕唐志契:《繪事微言》,盧輔聖主編:《中國書畫全書》第 4 冊,上海:上海書畫出版社,1992 年版。

29.〔清〕蔣和:《學畫雜論》,盧輔聖主編:《中國書畫全書》,上海:上海書畫出版社,1994 年版。

30.〔清〕惲壽平:《南田畫拔》,盧輔聖主編:《中國書畫全書》第 7 冊,上海:上海書畫出版社,1999 年版。

31.〔清〕唐岱:《繪事發微》,盧輔聖主編:《中國書畫全書》第 8 冊,上海:上海書畫出版社,1994 年版。

32.〔清〕惲壽平:《南田畫拔》,盧輔聖主編:《中國書畫全書》第 7 冊,上海:上海書畫出版社,1999 年版。

33.〔清〕唐志契:《繪事微言》,盧輔聖主編:《中國書畫全書》第 4 冊,上海:上海書畫出版社,1992 年版。

34.〔清〕李日華:《竹嬾論畫》,盧輔聖主編:《中國書畫全書》第 8 冊,上海:上海書畫出版社,1994 年版。

35. 康有為:《萬木草堂藏畫目》,郎紹君、水天中:《二十世紀中國美術文選》上卷,上海:上海書畫出版社,1999 年版。

三、今人學術專著

1. 曹昌武、曹曉楠:《繪畫與構圖》,山東:山東美術出版社,2004 年版。

2. 郎紹君：《守護與拓進》，浙江：中國美術學院出版社，2001 年版。

3. 潘公凱：《限制與拓展》，浙江：中國美術學院出版社，1997 年版。

4. 馬良書：《中國畫形態學》，北京：清華大學出版社，2011 年版。

5. 盧輔聖：《關於筆墨的論爭》，上海：上海書畫出版社，2001 年版。

6. 不過午：《龍穴全書》，新疆：新疆人民出版社，2005 年版。

7. 范瑞華：《中國畫向何處去》北京：國際文化出版公司，2002 年版。

8. 傅抱石：《大滌子題畫詩跋校補》，上海：上海辭書出版社，2006 年版。

9. 何冰、翟墨：《論吳冠中——吳冠中研究文選》，南寧：廣西美術出版社，1999 年版。

10. 孔新苗：《二十世紀中國繪畫美學》，濟南：山東美術出版社，2000 年版。

11. 胡雲斌：《平面構成》，北京：人民美術出版社，2010 年版。

12. 趙殿成：《構成藝術》，瀋陽：遼寧美術出版社，1987 年版。

13. 張仃：《關於中國畫傳統創作繼承問題》，王魯湘：《中國名畫家全集・當代卷・張仃》，石家莊：河北教育出版社，2007 年版。

14. 陳傳席：《中國山水畫史》，天津：天津美術出版社，2001 年版。

15. 陳傳席：《陳傳席文集》，鄭州：河南美術出版社，2001 年版。

16. 蒲松年：《中國美術史教程》，西安：陝西人民美術出版社，2000 年版。

17. 王中秀導讀：《虹廬畫談》，上海：上海書畫出版社，2007 年版。

18. 范瑞華：《中國畫向何處去》，北京：國際文化出版公司，2002 年版。

19. 袁金塔：《中西繪畫構圖之比較》，臺灣：藝風堂出版社，民國 84 年。

20. 朱謙之撰：《老子校釋》，北京：中華書局，1984 年版。

21. 李漢三：《先秦兩漢之陰陽五行學說》，臺北：維新書局，民國 57 年版。

22. 盧炘：《潘天壽盧》，石家莊：河北教育出版社，2000 年版。

23. 楊成寅、林文霞：《潘天壽——中國書畫名家畫語圖解》，北京：中國人民大學出版社，2003 年版。

24. 了盧：《中國畫的批評與思考》，上海：上海書報出版社，2000 年版。

25. 葛榮晉：《中國哲學範疇通論》，北京：首都師範大學出版社，2001 年版。

26. 周振甫：《周易譯注》，北京：中華書局，1991 年版。

27. 楊天宇：《禮記》，上海：上海古籍出版社，2004 年版。

28. 舒士俊：《叩開中國畫名家之門》，上海：上海書畫出版社，2001 年版。

29. 陳師曾：《中國繪畫史》，北京：中國人民大學出版社，2004 年版。

四、期刊報紙論文

1. 徐志摩：《我也惑》，《美展彙刊》，1929 年第 5 期。

2. 徐悲鴻：《惑》，《美展彙刊》，1929 年第 5 期。

4. 徐悲鴻：《「惑」之不解》，《美展彙刊》，1929 年第 9 期。

5. 趙娜：《俞劍華的文人畫觀》，《美術界》，2009 年第 9 期。

6. 胡光華、莫丹丹：《王蒙及其書齋山水研究》，《藝術探索》，2005 年第 1 期。

7. 韓敬偉：《中國山水畫基礎教學芻議》，《美苑》，1997 年第 5 期。

8. 韓敬偉：《中國山水畫語言基礎研究》，《美術大觀》，1997 年第 9 期。

9. 任戩：《就中國當前藝術諸問題的對話》，1988 年第 5 期。

10. 倪貽德：《決瀾社宣言》，《藝術旬刊》（第一卷第五期），1932 年第 10 期。

11. 王遜：《對目前國畫創作的幾點意見》，《美術》，1954 年第 8 期。

12. 李小山：《當代中國畫之我見》，《江蘇畫刊》，1985 年第 7 期。

13. 潘公凱：《「綠色繪畫」略想》，《美術》，1985 年第 11 期。

14. 薛永年：《百年山水畫之變論綱》，《新美術》，2006 年第 4 期。

15. 劉正偉：《從「點」到「體」——關於思維方式演化的假說》，《青海社會科學》，2005 年第 6 期。

16. 陳雲飛：《由五代宋初山水畫論看風水學對山水畫成熟的影響》，《東南文化》，2005 年第 1 期。

17. 牛勇：《從范寬〈溪山行旅圖〉看中國畫的意象構成》，《科學‧經濟‧社會》，2011 年第 2 期。

18. 王貴勝：《山水畫構成圖式與風水理論》，《美術研究》，2003 年第 3 期。

19. 白聯晟：《不似似之——試論石濤山水畫藝術的原創性》，《美術研究》，2010 年第 2 期。

20. 王先勝：《仰韶文化「鳥龍」紋彩陶缽紋飾釋讀及其重要意義》，《中國文物報》，2010 年 8 月 25 日。

21. 宋永進：《畢加索繪畫的不似之似》，《美術報》，2011 年第 11 期。

22. 夏羽：《中國畫論——齊白石的藝術主張》，《美術》，2009 年，第 1 期。

23. 陳纓：《淺談林散之書法之墨色美》，《新聞世界》，2010 年第 10 期。

24. 陳傳席：《山水之變，始於吳，成於二李」——澄清唐代山水畫史上一個問題》，《新美術》，1983 年第 3 期。

25. 陳振濂：《中國畫形式語言探索的若干問題》，《文化藝術研究》，2008 年第 1 期。

26. 舒群：《北方藝術群體的精神》，《中國美術報》，1985 年。

五、碩博論文

1. 王先岳：《寫生與新山水畫圖式風格的形成》，中國藝術研究院，2010 屆博士學位論文。

2. 尚輝：《重構文人畫理想：論松江畫派》，北京：中國藝術研究院，2008 年博士論文。

3. 張桐瑀：《「引書入畫」在黃賓虹山水畫筆墨轉換中的重要作用》，北京：中國藝術研究院，2007 年博士畢業論文。

4. 金哲弘：《倪瓚山水畫研究》，北京：中國美術學院，2008 年博士學位論文。

5. 卜登科：《李可染山水畫「墨法」研究》，北京：中國藝術研究院，2008 屆博士學位論文。

6. 羅小珊：《傳神論的起源》，杭州：中國美術學院，2013 年博士學位論文。

7. 李珊：《倪瓚繪畫美學思想研究》，武漢：武漢大學，2010 年博士學位論文。

8. 王逸之：《陰陽五行與隋唐術數研究》，西安，陝西師範大學，2012 年碩士學位論文。

9. 陳雲飛：《論風水學對山水畫論的影響》，南京：南京藝術學院，2004 年碩士畢業論文。